AF482742

Johannes Proelß

Scheffel - Ein Dichterleben

e-artnow 2018

Fjodor Michailowitsch Dostojewski, Korfiz Holm
**Gesammelte Werke: Romane + Novellen:** Schuld und Sühne + Die Brüder Karamasow + Der Spieler + Der Idiot + Die Dämonen + …und Hochzeit + Ein Werdender und mehr

Alexandre Dumas
**Gesammelte Werke: Historische Romane, Abenteuergeschichten und Biografien:** Die drei Musketiere + Der Graf von Monte Christo …Johanna d'Arc + Das Halsband der Königin…

Honoré de Balzac
**Gesammelte Werke (65 Titel in einem Buchmit Illustrationen): Romane, Erzählungen und Essays:** Vater Goriot, Glanz und …Facino Cane, Die falsche Geliebte, Adieu…

Oscar Wilde
Gesammelte Werke

Emile Zola
**Gesammelte Werke: Die Rougon-Macquart (Kompletter Romanzyklus) + Romane + Erzählungen:** Ich klage an, Der Bauch von Paris, …Sterbenden, Die Lebensfreude und viel mehr

**Stendhal**
**Gesammelte Werke: Romane + Erzählungen + Essays + Memoiren + Tage-
bücher: 61 Titel in einem Buch:** Rot und Schwarz + Napoleon … + Biografie
von Marie-Henri Beyle und mehr

**Nikolai Gogol**
**Gesammelte Werke: Romane + Meisternovellen + Kurzgeschichten:** Die
toten Seelen + Taraß Bulba + Der Mantel + Das Porträt … + Biografie von Niko-
laj Gogol und viel mehr

**Guy de Maupassant**
**Gesammelte Werke: Romane + Erzählungen (24 Titel in einem Buch):** Bel
Ami + Tag-und Nachtgeschichten + Der Horla + Stark … Haus + Dickchen +
Mondschein und viel mehr

**Charles Dickens**
**Gesammelte Werke: Romane + Erzählungen + Reiseberichte + Biografie (27
Titel in einem Buch):** Oliver Twist, Eine Geschichte … aus Italien, Aufzeichnn-
gen aus Amerika…

**Gustave Flaubert**
**Gesammelte Werke: Romane + Erzählungen + Memoiren + Reiseberichte:**
Frau Bovary (Madame Bovary) + Salambo + Die Schule … Sankt Julian dem
Gastfreien und viel mehr

*Johannes Proelß*

# Scheffel - Ein Dichterleben

e-artnow, 2018
Kontakt: info@e-artnow.org

ISBN 978-80-273-1875-9

Als in der großen sturmbewegten Zeit, die uns Deutschen das neue Reich schuf, Scheffel zum Lieblingsdichter der deutschen Jugend wurde und sein kraftfroher, echt süddeutscher Humor auch im deutschen Norden sich tausend und abertausend Herzen gewann, wußten nur wenige von dem innigen Zusammenhang, den später die biographische Forschung zwischen den Vorfahren des Dichters und seinen Werken festgestellt hat. Aber schon in meiner grundlegenden Scheffel-Biographie »Scheffels Leben und Dichten« (1887) habe ich eingehend nachweisen können, wie die wunderbare poetische Anschauungskraft Scheffels für die deutsche Kulturwelt früherer Zeiten ein geistiges Erbe aus der Anschauungswelt seiner eignen Ahnen war.

Am 16. Februar 1826 kam *Joseph Victor Scheffel* in *Karlsruhe*, der Haupt- und Residenzstadt des Großherzogtums Baden, zur Welt. Er war der älteste Sohn des Regierungsingenieurs Jakob Scheffel, welcher der badischen Wasser- und Straßenbaudirektion als Oberbaurat und dem badischen Geniekorps als Hauptmann **à la suite** angehörte. Mit seiner jungen Frau *Josephine*, geborenen Krederer, bewohnte er damals den zweiten Stock des dreistöckigen Wohnhauses Steinstraße Nr. 25. Gebürtig waren aber beide Eltern aus dem *südlichen Schwarzwald*, der Vater vom alemannischen Westrand, die Mutter vom schwäbischen Ostrand, und des Sohnes Ahnenbewußtsein lernte früh als seine Heimat im weiteren Sinne das ganze historisch so bedeutsame, landschaftlich so schöne Gebiet zwischen der jungen Donau, dem jungen Rhein und dem unteren Neckar betrachten, das sich dann in seinen Hauptwerken so farbenfrisch und anmutend spiegeln sollte.

Schon als Knabe ist das Karlsruher Stadtkind an der Hand seines Vaters durch die Gänge, Hallen und ehemaligen Schulraume der säkularisierten Benediktinerabtei *Gengenbach* im Kinzigtal geschritten, in der sein Urgroßoheim, Prälat *Jakob Trautwein*, der vorletzte Abt gewesen war, während sein Großvater *Magnus Scheffel* als Oberschaffner (Klosterrezeptor) die Hand über den reichen Weingütern und Kellereien des alten reichsunmittelbaren, von der Reichsstadt Gengenbach umschirmten Benediktinerstifts hatte. Der Name Magnus wies auf den heiligen Magnus zurück, dessen Gebeine in der Stiftskirche zu Füssen am Lech, dem alten Hochsitz der Augsburger Bischöfe, ruhen, und vom *Lechfeld* bei Augsburg, wo Otto der Große die wilden Ungarn schlug und Herzog Burkhard II. von Schwaben die tapfere Seele aushauchte, stammte Magnus Scheffel. Von ihm hatte Scheffels Vater einige Zeit nach Begründung des eignen Herds in Karlsruhe neben mancherlei altertümlichem Hausrat auch manch ein Stückfaß alten guten Gengenbacher und Ortenberger Weines geerbt, und er wußte von ihm auch manchen hübschen Charakterzug zu erzählen, der von einem, uns Heutige echt »Scheffelisch« anmutenden urwüchsig-schlagfertigen Humor zeugt. Als die Stelle des Oberschaffners im Stift neu besetzt werden sollte, hatte Prälat Jakob den Sohn seiner Schwester Veronika, die an den Landwirt *Joseph Scheffel* in Langen-Erringen im Lechfeld verheiratet war, nach Gengenbach kommen lassen, damit er sich neben den fremden Anwärtern um die Stelle bewerbe. Wer die Wahl hatte der Fürstbischof von Speyer, der aus Bruchsal im Stift erschien, zu entscheiden. Der Bischof und der Abt waren joviale Herren und den Freuden der Tafel in keiner Weise abhold. So wurde denn ein feines Mahl veranstaltet, an welchem auf besondere Einladung auch sämtliche Bewerber um die betreffende Stelle teilnahmen. Einem guten Witz bei diesem Mahle hatte Magnus Scheffel es zu danken, daß er zum Oberstiftsschaffner gewählt ward. Ein Aufwärter hatte beim Servieren des Fischs das Mißgeschick, die violette Soutane des Fürstbischofs mit der Sauce zu übergießen, was peinliche Verlegenheit schuf. Da rief hellauflachend Magnus Scheffel: »Ich hab doch mein Lebtag schon viel Schönes anrichten sehen, aber noch nie einen Reichsprälaten in einer Forellensauce!« Der Bischof stimmte in das Lachen ein. »Er ist ein origineller Kauz,« gab er zurück. »Er soll Oberstiftsschaffner sein!« Wie Magnus Scheffel es aber auch verstanden hat, das so gewonnene Vertrauen zu rechtfertigen, ist durch das Schreiben bestätigt, in dem bei der Säkularisierung des Stiftes im Jahre 1803 der Landvogt v. Roggenbach dem Markgrafen Karl Friedrich von Baden den Oberstiftsschaffner Scheffel zu weiterer Verwendung empfahl. Der seit 1788 mit *Johanna Läuble* verheiratete, nunmehrige badische »Amtskeller« behielt denn auch seine Stellung, bis er 1809 pensioniert wurde. Doch blieb er in Gengenbach wohnen bis zu seinem 1832 erfolgenden Tod. Seine Frau war schon im Jahre der Geburt ihres Enkels gestorben. Der einzige Sohn des Paares, des Dichters Vater, war am 29. Juni 1789 in Gengenbach zur Welt gekommen; neben Jakob wuchs noch eine Schwester, die zwei Jahre jüngere Genovefa Scheffel, heran. Diese wurde die Frau des Apothekers Zimmermann in Gengenbach, mit dessen zweiter Tochter Johanna sich 1829 der Apotheker Karl Heim aus der badischen Stadt Renchen verheiratete, der bald danach im nahen Zell am Harmersbach eine eigne Apotheke auftat.

Scheffels Großmutter *Katharina Krederer* aber stammte aus der Gegend des *Hohentwiel*. Sie war die Tochter des Löwenwirts und Posthalters Balthasar *Eggstein* in *Rielasingen*, einem der Stadt Singen gegenüber liegenden Ort an der alten Straße, die von Rottweil her über Tuttlingen nach Stein am Rhein in die Schweiz führt. Als sie am 17. Februar 1800 in Düggingen bei Donaueschingen den Kaufmann Franz Joseph Krederer in Oberndorf am Neckar heiratete, war dieser bereits Präsenzschaffner, d. h. Verwalter der Kirchenpflege daselbst. Ein Bruder von ihr, der ihre Trauung vollzog, war Stadtpfarrer in Offenburg. (Vgl. Brinzinger im Jahrbuch des Scheffelbundes 1905/6.)

Die Herrschaft *Oberndorf* hatte im frühen Mittelalter zum Besitz des Klosters *Sankt Gallen* gehört und war im 16. Jahrhundert, nachdem es eine Weile schon zu Württemberg gehört hatte, an *Österreich* gekommen, dessen Regiment ein erzherzoglicher Statthalter vertrat. Die

Lage der Stadt in der Nähe des Salz ausführenden Sulz und der Straße, in die hinter Rottweil von Wien her die große Donaustraße mündet, machte sie zum Ausgangspunkt der quer durch den Schwarzwald führenden Straße zum Rhein, nach Straßburg; sie zieht durchs Kinzigtal, wo sie im Mittelalter den Wohlstand der Reichsstädte Gengenbach und Offenburg gründen half. Bald nachdem das Reichsstift Gengenbach an *Baden* gekommen war, fiel die Herrschaft Oberndorf (1805) an *Württemberg*. Seiner günstigen Lage, die es um die Mitte des vorigen Jahrhunderts auch zum Erscheinungsort des »Schwarzwälder Boten« gemacht hat, hatte Oberndorf es zu danken, daß in der kriegsbewegten Zeit von 1811 die württembergische Armeeverwaltung ihre Waffenfabrik hierher verlegte, wo ihr die Räume des säkularisierten Augustinerklosters zugewiesen wurden, in denen später die Mausersche Waffenfabrik zu ihrer außerordentlichen Blüte gelangt ist.

Hier also kam am 22. Oktober 1805 die Mutter des Dichters, *Josepha Krederer*, zur Welt. Ihr Vater, einer der angesehensten Männer im Ort, war bei fünfunddreißig Jahren bereits Stadtschultheiß, welche Würde auch sein Vater und sein Großvater in Oberndorf bekleidet hatten. Schon sein Vater Karl Krederer hatte das ansehnliche alte »Freihaus« am oberen Stadttor bewohnt. Aus freiherrlichem Besitz war es an Josephas Großvater übergegangen, »Doch behielt es,« so heißt es in den Aufzeichnungen der Dichtermutter, die Alberta von Freydorf 1902 in der »Deutschen Monatsschrift« veröffentlicht hat, »unter seinem bürgerlichen Eigentümer seinen mittelalterlichen Ernst wie den geheimnisvollen Hauch, der durch alle Räume ging und ganz geeignet war, die Gemüter seiner Bewohner zu Schwärmerei und träumerischem Wesen zu stimmen.« Josephinische Aufklärung herrschte in der Familie, der auch ein Geistlicher im Ort angehörte. Die freie Lage des Hauses auf der Höhe und nahe dem Walde begünstigte den poetischen Hang des reich beanlagten Mädchens, der sich früh in eigenen kunstlosen Gedichten aussprach. Die Waffentransporte, Truppendurchmärsche und Einquartierungslasten, die während der Freiheitskriege den Vater Josephas sehr in Anspruch nahmen, richteten ihren Blick auf die großen patriotischen Ziele, als deren Propheten sie bald *Schiller* verehren lernte und deren Bedeutung ihr Arndts, Körners, Rückerts und Uhlands patriotische Lyrik noch näher brachte. Schon 1816 verlor Josepha den geliebten Vater; er starb während eines Kuraufenthalts in Baden-Baden; von sieben Kindern war sie dem früh Kränkelnden als einziges am Leben geblieben. Als die Mutter sich nach drei Jahren wieder verheiratete, gab sie die Tochter in ein feines französisches Pensionat in *Straßburg*, in dem viele Töchter der angeseheneren Familien aus den Fürstenbergischen und angrenzenden Landen ihre letzte Ausbildung erhielten. Ein gutes Französisch, reiche Kenntnisse anderer Art neben besten gesellschaftlichen Formen nahmen die Schülerinnen von hier mit ins Leben.

Josephine Krederer war in zierlicher Anmut herangeblüht, als sie bei ihrer Tante Anna Stolz, der Frau des Kaufmanns Joseph Stolz in Gengenbach, den ihr schon von früher bekannten Hauptmann und Baurat Scheffel, welcher in Urlaub bei seinen Eltern weilte, wieder entgegentrat und so gefiel, daß er um sie warb. Er war mit seinen fünfunddreißig Jahren beträchtlich älter als das muntere Schwabenmädle vom Neckar, aber dafür ein noch recht jugendlicher Veteran der Freiheitskriege. 1814 und 1815 hatte er als freiwilliger Landwehroffizier unter Markgraf Wilhelm von Baden im Nieder-Elsaß mit gegen Napoleon gefochten und wegen besonderer Tapferkeit war ihm vor Straßburg der badische Militärverdienstorden verliehen worden. Auch einen russischen Orden besaß er aus jener Zeit für ersprießliche Dienstleistung als Dolmetsch und den Orden der Ehrenlegion für seine Mitwirkung in der nach dem Kriege eingesetzten Grenzregulierungskommission, Jetzt war er in Karlsruhe an dem großen Werk der Rheinkorrektion von Basel bis Mannheim unter Oberst Tulla beteiligt. Sein in sich abgeschlossener Charakter von energischem straffen Wesen war gemildert durch einen behaglichen trockenen Humor, Unter seinen Bekannten war er ein geschätzter Anekdotenerzähler. Ein freundlicher Ausdruck, erhöht durch die beim Lachen aufblitzenden dunklen Augen, belebte oft den Ernst seiner Züge, Um Pfingsten 1824, am 8. Juni, wurden er und Josephine ein Paar. Deren Mutter richtete die Hochzeit in Gengenbach aus, und da sie ihre nicht glückliche zweite Ehe durch Scheidung gelöst hatte, zog sie bald der einzigen Tochter in die badische Hauptstadt nach. Es war ihr Werk, daß schon im Jahre 1826 bald nach Josephs Geburt die junge Familie das schöne Anwesen Stephanienstraße 18 (jetzt 16), dessen Garten noch an den Hardtwald grenzte, als Eigentum beziehen konnte.

Wie viel unvergeßliche Erinnerungen sind damals mit der alten Frau und dem altertümlichen Familienhausrat aus dem Oberndorfer »Freihaus« eingezogen in dies neue Heim! Der Sagenschatz des Schwarzwalds, der Baar und des Hegau und hundert Überlieferungen aus der Familiengeschichte des Kredererschen Geschlechts! Die Großmutter war eine vortreffliche Erzählerin sowohl von Märchen wie von Selbsterlebtem. Die Herzogin Hadwig von Schwaben, die als Witwe auf dem Hohentwiel des Herzogsamts kraftvoll gewaltet hatte, war ihr eine vertraute Gestalt; als Rielasinger Kind, im Anblick des Bergs aufgewachsen, hatte es sie in Oberndorf gewiß nicht wenig angemutet, zu hören, daß im nahen *Epfendorf* noch immer für das Seelenheil der Herzogin Hadwig ein »Jahrtag« gehalten werde, und daß diese einst auf der ihr gehörigen benachbarten Schenkenburg gern geweilt hatte. (Vgl. Brinzingers Forschungen im Scheffel-Jahrbuch 1893 und meinen Aufsatz »Scheffels schwäbische Vorfahren« im Scheffel-Jahrbuch 1905/6). Die Erinnerung an die eigne Hochzeit war mit dem Hohentwiel verknüpft. In jenem Frühjahr 1800 wurde der alte württembergische Festungsberg im Hegau von den Franzosen unter Vandamme belagert, und die Feste, deren Kern im 10. Jahrhundert die Hofburg der Herzoge von Schwaben, dem alten Alemannien, gewesen, die später der Kommandant Wiederhold so standhaft verteidigt hatte, legten noch im Mai des Jahres die Belagerer in Trümmer! Was diese »schlichte deutsche Hausfrau, die bis an ihren letzten Lebensabend noch tätig war, zu Nutz und Frommen ihrer Angehörigen« dem heranwachsenden Enkel in rein menschlicher Beziehung wurde, hat dieser selbst nach ihrem Tod im Jahre 1851 mit warmen Worten ausgesprochen: »Sie ist an meiner Wiege gestanden und hat mich durchs tolle Leben bis seither als ihren liebsten Sohn Benjamin gehegt und gepflegt.« In Begleitung von Vater, Mutter und wohl auch der Großmutter wurde Scheffel schon als Knabe in Oberndorf wie im ganzen Schwarzwald, in der Landschaft zwischen den Quellen von Neckar und Donau und dem Bodensee heimisch. Die Freundschaft der Mutter zu der Familie ihres Vetters, des Schultheißen und württembergischen Landstands Ivo Frueth in Oberndorf, ging auf ihn über. Die verwandtschaftlichen Beziehungen der Familien reichten nach Horb, Gengenbach, Biberach, Zell a. H., Bühl, Offenburg, Freiburg, Donaueschingen, wo der badische Landstand Ludwig Kirsner zur Verwandtschaft zählte, und die Vetternstraße des Knaben Joseph Scheffel hatte im Schwarzwald viele Stationen. Auch in *Säckingen* war Major Scheffel heimisch; er hatte von dort aus in jüngeren Jahren den Bau der badischen Staatsstraße am rechten Rheinufer geleitet. Gewiß hat sein Sohn von den Aussichtswarten des Eggbergs wie vom Hohentwiel schon sehr früh das lockende Grüßen der firnbedeckten Schweizer Alpenhäupter vom Säntis bis zum Finsteraarhorn empfunden.

Eine ganz besondere Bedeutung erlangte für den historischen Sinn des Knaben und sein Ahnenbewußtsein aber ein literarischer Fund, den der badische Archivar Joseph *Bader*, ein Freund seiner Eltern, in einem Kloster des südlichen Schwarzwalds machte und aus welchem hervorging, daß ein Georg Balthasar *Krederer* im 16. Jahrhundert auf der Küssachburg am Oberrhein bei Thiengen, unweit Säckingen, als Schloßhauptmann der Grafen von Sulz gewaltet hatte. Das stattliche Hochschloß, dessen Ruinen noch stehen, erhob sich am Einfluß der Wutach in den Rhein. Im Jahrgang 1839 der »Badenia« berichtete Bader über dies »Stamm- und Gesellenbuch« des Schloßhauptmanns Balthasar Krederer, in das dieser die Besucher der Burg sich nach Leerung des Willekommtrunks mit einem Gedenkspruch eintragen ließ, und in Bezug auf den Schloßhauptmann Krederer schrieb der gelehrte Geschichtsforscher: »Anstatt der Waffen erklangen die Pokale munterer Zecher auf der Beste. Mancher fremde Junker trank nach der Sitte der Zeit auf das Wohl des gastlichen Schloßhauptmanns einen frohen Willkomm.« Dies Stammbuch des lebenslustigen Vorfahren, der einst Herr auf einer Burg am Rhein gewesen, machte der Frau Major Scheffel, als sie es kennen lernte, so viel Spaß, daß sie es erwarb, und wenn wir hören, daß das Eröffnungsgedicht in dem von ihr seit 1840 geführten »Reimbuch« die »alten Ritter am Rhein« pries, die es ebenso verstanden, mit ihrem Schwert zehn Franken in den Grund zu strecken, wie mit ihren Humpen zehn Franken in den Grund zu trinken, so ist leicht zu erkennen, daß Scheffels vielverkannte Freude an deutscher »Humpenpoesie« zu dem geistigen Familienerbe gehörte, das er als Kind in spielender Harmlosigkeit in sich aufnahm.

Seit 1891 des Dichters Sohn, Victor v. Scheffel, aus dem literarischen Nachlaß des Vaters den Band »Gedichte von Josephine Scheffel« herausgegeben hat, ist für jedermann klargestellt, daß diese deutsche Frau von Natur eine echte Dichterin war, deren Herzensfrische, deren Heimatsinn, deren Vaterlandsliebe, Freiheitsbegeisterung und Humor in der Poesie ihres Sohnes eine Wiedergeburt im Elemente abgeklärter, aus männlichem Kraftbewußtsein entsprossener Kunst erlebte, während sie selbst eine Dilettantin blieb. Hervorzuheben ist, daß sie sich auch in der Zeit ihres öffentlichen Auftretens als Dichterin darauf beschränkte, die Muse ihres gastlichen Hauses oder einer Gemeinschaft zu sein, zu der sie als Frau ihres Mannes gehörte. Als am 1. Febr. 1839 zu Offenburg das »Erinnerungsfest der Großherzoglich Badischen Landwehrbataillone und freiwilligen Jäger zu Pferde« unter dem Protektorate des Großherzogs *Leopold* und der persönlichen Teilnahme des Markgrafen Wilhelm gefeiert wurde, befand sich unter den zum Vortrag gelangenden Festliedern eines von Frau Major Scheffel (»Kennt ihr den Strom? Ein Silberstreif dem Blicke, Bewacht er treu dies gottgeliebte Land etc.«), und in der Festschrift des Offenburger Gymnasialdirektors Franz Weißgerber fand sich das Gedicht an erster Stelle abgedruckt, ohne Nennung ihres Namens zwar, aber mit der Bemerkung: »Dieses schöne Dichtwerk verdanken wir, dem Vernehmen nach, der Gemahlin des Majors Sch., eines der tapfersten vormaligen Landwehroffiziere. Ehre den Frauen, die so edle Gefühle für Freiheit und Vaterland in ihrer Brust beherbergen und in so wunderlieblichen Klängen sie kundzugeben durch der Götter Huld berufen sind. Der Ref.« (Vgl. Obser, Denkwürdigkeiten des Markgrafen Wilhelm von Baden, Bd. 1. 1906.) Wie damals trat die Frau Major, auch auf Wunsch ihres Mannes oder seiner Freunde, noch öfter als Festdichterin auf, so bei Eröffnung der Schiffsbrücke, die das Karlsruher Rheinufer mit der pfälzischen Maximiliansau verband, bei der Probefahrt auf der Eisenbahn von Offenburg nach Freiburg, bei der Silbernen Hochzeit des Fürsten Karl Egon von Fürstenberg und seiner Gemahlin Amalie, einer geborenen Prinzessin von Baden, in Donaueschingen. Solche und ähnliche Gelegenheitsgedichte der Frau Major, wie dasjenige »zur Feier der Wiedergenesung S. K. Hoheit des Prinzen und Markgrafen Friedrich von Baden« (des späteren Großherzogs Friedrich) im März 1843, eine Ode an Karl Friedrich zur Denkmalsenthüllung 1844, erschienen als Einzeldrucke. Der Erlös war stets zu wohltätigen Zwecken bestimmt.

Ihre »Veteranengedichte« lassen uns erkennen, wie sie aus ihren ganz persönlichen Verhältnissen dazu gelangte, in die politische Lyrik der Epoche 1840-48 einzustimmen, als Karlsruhe mit seiner Ständekammer ein Hauptherd aller auf »deutsche Freiheit und Einheit« gerichteten politischen Bestrebungen war. Es war die Zeit, da die badischen Volksvertreter v. Rotteck, v. Itzstein, Karl Welcker, Karl Mittermaier, Bassermann, Mathy, die Württemberger Albert Schott, Uhland, Römer, Tafel, Paul Pfizer, die Hessen Heinrich v. Gagern, Jaup u. a. im Einklang mit sächsischen und preußischen Liberalen den Kampf um Preßfreiheit, Versammlungsfreiheit, Wahlfreiheit, Öffentlichkeit und Mündlichkeit der Justiz in ihren engeren Heimatländern mit der großen Forderung eines deutschen Parlaments am Sitz des Bundestags, in Frankfurt a. M., in Einklang brachten, jene Zeit, da der schwäbische Dichter Georg Herwegh im Königsschloß zu Berlin vor dem neuen König Friedrich Wilhelm IV. Schillers Posaideal zu verwirklichen suchte, in der Beckers Rheinlied an Volkstümlichkeit wetteiferte mit dem 1842 auf Helgoland entstandenen »Deutschland, Deutschland über alles« Hoffmanns von Fallersleben. Frau Josephine Scheffel hatte ja schon 1839 ein »Rheinlied« gesungen; nun wandte sie sich an den Kölner Niclas Becker mit einem andern: ehe vom »freien deutschen« Rhein mit Recht gesungen werden dürfe, müßten die deutschen Fürsten und Völker selber erst frei und deutsch gesinnt sein, war der führende Gedanke darin. Der Schluß aber lautete:

> »So wird's erreicht! Und wenn in künft'gen Tagen
> Das stolze Frankreich unsern Rhein begehrt,
> Wir werden es mit Lächeln dann ertragen,
> Dann ohne Lieder und die Hand am Schwert!«

In dieser Tonart hat die Frau Major u. a. auch den »Geisterruf« aus dem Straßburger Münster gedichtet; nie aber ließ sie sich in ihrer patriotischen Lyrik zu Schmähungen gegen die Franzosen hinreißen. Besaß sie doch in Paris Verwandte; zwei Geschwister. Stolz hatten sich dort mit Franzosen verheiratet, und von der Straßburger Pension her pflegte sie eine innige Freundschaft mit Pauline Piccard, die an den Großindustriellen Goldenberg in Saverne (Zabern) im Elsaß verheiratet war. Aus den Zeiten der Grenzregulierung bestand auch dauernde Freundschaft zwischen Scheffels und den damaligen Kommissären Graf von Guilleminot und Immelin. Letzterer Offizier gehörte zu Josephs Paten.

Unter den deutschen Freiheitsdichtern jener denkwürdigen Epoche war seiner Mutter nächst *Uhland* der Österreicher Anastasius *Grün*, Graf Anton Auersperg, ganz besonders sympathisch, wohl auch deshalb, weil sein Freisinn sich mit Pietät gegen das historisch Gewordene in Glaubenssachen vertrug. In ihren eignen religiösen Gedichten findet sich diese Pietät mit der Erkenntnis vereinigt, daß die Poesie des früheren Klosterwesens dem Geist der Neuzeit habe erliegen müssen. Die Tragik des Zölibats hat sie verschiedentlich behandelt. Ihre Romanze »Der Kapuziner von Salzburg« läßt einen Jüngling, dem »in Nacht die Liebe sank« und der darum Mönch ward, durch den Zauber der schönen Natur von dem ihn beherrschenden Trübsinn geheilt werden und in einer regen Wirksamkeit für Darbende und Leidende Trost finden. Sie selbst war auf dem Gebiete sozialer Hilfstätigkeit eine Bahnbrecherin; in dem Kanzleirat Bingner, dessen Frau ihr unverwandt war, besaß sie in dieser Richtung einen treuen Freund und Berater. Die Gründung des Elisabethenvereins in Karlsruhe im Jahre 1848 ging von ihr aus.

Reise- und Wanderlust war eine weitere hervorragende Eigenschaft der Dichtermutter. In Zürich lebte ihr in Frau Karoline Meyer-Ott eine Jugendfreundin, die sie öfters mit den Kindern besuchte; der Komponist Ignaz Heim, Dirigent des Züricher Sängervereins »Harmonie« gehörte zur Verwandtschaft; der lockende Anblick der leuchtenden Alpenfirnen ist schon dem Knaben Joseph Scheffel auch aus der Nähe zuteil geworden. Als er neun Jahre alt war, wurde er von den Eltern rheinab von Leopoldshafen bis Bonn mitgenommen, und in einer humoristischen Beschreibung dieser Fahrt, welche die Mutter zum Vorlesen im Freundeskreis niederschrieb, spielt der kleine Schmetterlingsjäger, der stets der erste auf den zu erklimmenden Burgen war, eine muntere Rolle. Ein kleines Gedicht von ihr bekennt, daß sie die Männer um nichts mehr beneide als um das Recht, sich ohne Begleitung in der freien Natur zu ergehen.

Allmählich wurde das Scheffelsche Haus zum Mittelpunkt des geselligen Verkehrs unter den Künstlern Karlsruhes, zu denen zeitweilig die in München ansässigen Maler Moritz v. *Schwind*, Jean Baptist *Kirner* und Feodor *Dietz* gehörten. Es war die Zeit, in der Oberbaurat *Hübsch* das Neue Akademiegebäude vollendete und jene Maler ihre Aufträge für die »Kunsthalle« ausführten. Von den nächsten Freunden des Hauses seien hier noch der Generalstäbler *Klose*, dessen Söhne Karl und Wilhelm Josephs früheste Gespielen waren, und der auch als Kupferstecher hervorragende Landschaftsmaler und Galeriedirektor Karl *Frommel* genannt. Seine Kupferstiche mit Land- und Stadtansichten aus Italien und Süddeutschland genossen damals weite Verbreitung. Von hervorragenden Mitgliedern des Hoftheaters wurde die Heroine Wilhelmine Thöne, als Frau *v. Cornberg*, eine intime Freundin des Hauses, Frommel und andere Maler brachten gern ihre Mappen mit Skizzen und Studien mit und erzählten von ihren Reisen. Die Kinder Joseph und Marie durften, als sie größer waren, an dieser Geselligkeit teilnehmen. Eine stille Welt für sich hatte der jüngere Bruder Josephs, Karl, der infolge eines Hirndefekts dauernd gelähmt war und im Parterre, unter der besonderen Hut der Großmutter, gewartet vom »treuen Anton«, umhegt von der Liebe seiner Eltern und Geschwister, ein Gartenzimmer bewohnte.

Hoch in Ehren stand im Scheffelschen Hause bei alt und jung der Dichter des badischen Oberlandes, Johann Peter *Hebel*, der als Direktor des Karlsruher »Lyzeums« im gleichen Jahre starb, in dem Joseph Scheffel zur Welt kam. Major Scheffel las gerne selbst aus den so gemütvollen »Alemannischen Gedichten« vor. Hebels Einfluß verrieten auch die für die Kinder verfaßten humoristischlehrhaften Märchen der Mutter, wie »Strikkrikkel« (vgl. »In der Geißblattlaube«, herausgegeben von A. v. Freydorf) und die kleinen schalkhaften Schwankgedichte in alemannischer oder schwäbischer Mundart, die sie, wie »Die Zopfmilizenbraut«, für die heranwachsende Tochter zum Deklamieren bei festlichen Gelegenheiten verfaßte. Auch dramatische Szenen dichtete sie für die Kinder und ihre Gespielen. 1835 fand die feierliche Enthüllung des Hebel-Denkmals im Karlsruher Schloßgarten statt; das war Josephs bedeutsamstes Erlebnis in seiner ersten Schulzeit.

Der Hebelkultus im Elternhaus, der Künstlerverkehr in demselben, mußten in die Vorliebe Josephs für die ländliche Ahnenheimat früh ein künstlerisches Element bringen. Hebel war aber auch in rein geistiger Beziehung von bedeutsamem Einfluß auf den reichbegabten Knaben, der im Lyzeum, wie das Karlsruher Gymnasium noch genannt ward, »von der untersten bis zur obersten Klasse entweder der Erste oder der Zweite, unbestritten aber immer der Erste war, was seine Fähigkeiten anbelangt.« Als auf Grund der 1818 dem Großherzogtum Baden vom Großherzog Karl Ludwig auf Anraten v. Marschalls verliehenen Verfassung ein Ausgleich der konfessionellen Gegensätze in dem starkvergrößerten Lande erstrebt ward, geschah dies im Geiste der Aufklärung und Parität, und die leitenden Männer dabei waren Heinrich v. *Wessenberg*, der Verweser des Bistums Konstanz, »die verkörperte Toleranz im römischen Bischofsornat«, und der protestantische »Prälat« Hebel. Die wiedererstarkende kirchliche Reaktion beseitigte leider bald das milde Kirchenregiment Wessenbergs, der den deutschen Kirchengesang und teilweise die deutsche Rede in den Gottesdienst der Katholiken seines Bistums eingeführt hatte, aber der Geist, der von Wessenbergs Beispiel ausging, wirkte noch lange nach in den badischen Landen.

War Hebel der Lieblingsdichter der Eltern Scheffels – im Geiste Wessenbergs hingen sie ihrem Bekenntnis an. Der Religionsunterricht, den Joseph im Lyzeum, das Hebel neu organisiert hatte, erhielt, atmete Wessenbergs Geist. Der Unterricht in den klassischen Sprachen war ein vortrefflicher, und Josephs hervorragendes Sprachtalent fand hier die günstigste Ausbildung. Als er eintrat, stand an der Spitze der Schule Direktor Zandt, doch wurde sehr bald Professor Kaercher sein Nachfolger, der bei der Lektüre der griechischen und lateinischen Klassiker gern auf die Sprachentwicklung hinwies. Im Deutschen war Scheffels Hauptlehrer Hofrat Gockel, ein Mann von frischem heiteren Geiste und aufmunternder Methode. Privater Lerneifer legte den Grund zu Josephs späterem umfassenden literarhistorischen Wissen. Schon als halbwüchsiger Bub zeigte er eine leidenschaftliche Vorliebe für jene alten Volksbücher, die auch auf den jungen Goethe und Heinrich v. Kleist so tief eingewirkt haben. Sein Taschengeld verwendete er oft für den Einkauf solcher Bücher. Als könne die Mutter an dem einen Sohn wettmachen, was die Natur an dem zweiten versäumt hatte, ging sie mit freudigem Anteil auf alle Neigungen ihres Ältesten ein. Nach der Konfirmation bekam er im oberen Stock ein eigenes Zimmer, dessen Fenster nach dem Garten und dem Hardtwald hinausgingen. Unter den Büchern, mit denen die Mutterhand seine kleine Bibliothek ausstattete, werden neben Goethe die großen schwäbischen Dichter Schiller und Uhland mit Hebel den Ehrenplatz geteilt haben. Neben Gustav *Schwab* und Justinus *Kerner* fehlte gewiß nicht Mörike. Anast. Grüns »Der letzte Ritter« und »Wiener Spaziergänge«, die Sänger der Wald- und Wanderromantik, *Eichendorff, Brentano*, Wilhelm *Müller* schlossen sich gewiß ihnen an. Der »Taugenichts« des ersteren, Brentanos »Lied von eines Studenten Ankunft in Heidelberg«, W. Müllers »Lieder eines reisenden Waldhornisten« erscheinen uns heute wie Vorläufer von Scheffels »Trompeter«. Auch *Heines* »Buch der Lieder«, *Herweghs, Freiligraths* und *Geibels* Jugendlyrik machten früh auf Josephs Gemüt ihren Einfluß geltend und »Des Knaben Wunderhorn« erschloß ihm zugleich den »Jungbrunnen« des deutschen Volkslieds. Neben den Romanen Walter *Scotts*, die damals in Deutschland so recht in Mode kamen, dürfen wir mit Sicherheit unter den Lieblingsbüchern des Knaben den »Lichtenstein« Wilhelm *Hauffs* vermuten, des 1827 im blühenden Jünglingsalter jählings dahingeschiedenen Stuttgarter Dichters. Berthold *Auerbach*, gebürtig aus der Nähe von Oberndorf, gab den 1. Band seiner »Schwarzwälder Dorfgeschichten« 1843 heraus. Als Primaner hat Joseph mit einigen seiner Freunde unter Leitung der Mutter eine Aufführung von *Goethes »Götz von Berlichingen«* ins Werk gesetzt. Die alte humpenfreudige Ritterromantik gab gleich den ersten Kneipabenden des Freundeskreises eine humoristische Form und Stimmung. König Artus Tafelrunde wurde nachgeahmt. Scheffel, der mit seinem über den Kopf zurückgekämmten langen

Blondhaar nach Erscheinung und Wesen damals etwas Mädchenhaftes hatte, war als Königin Ginevra mit Schleier und Stirnband kostümiert. Schon als Primaner fand er übrigens an den Sonntagsausflügen mit Freunden in die Umgebung Karlsruhes mehr Gefallen als an der Geselligkeit im Salon seiner Mutter.

Bei einem so oft prämiierten Schüler, der als **Primus omnium** vom Gymnasium abging, war es nur natürlich, daß der Vater die Zukunft desselben in einer wissenschaftlichen Laufbahn suchte, und, da er selbst zufrieden war mit dem, was er im badischen Staatsdienst erreicht hatte, schmeichelte es seinem Ehrgeiz, sich eine glänzende Beamtenlaufbahn als Zukunft des Sohnes auszumalen. Joseph aber wollte *Maler* werden. Der Sinn für die bildende Kunst war vom Vater, der selbst gut zeichnete, auf den Sohn und die Tochter übergegangen – *Marie*, geboren am 27. Juni 1829, war drei Jahre jünger als Joseph. Beide erhielten im Zeichnen Privatunterricht durch den Tiermaler Rudolf Kuntz, den Sohn des berühmten Karl Kuntz. Das unter Großherzog Leopold damals zu erster Entfaltung gelangende Karlsruher Kunstleben, das einen so lebhaften Widerhall im Elternhaus fand, hatte der Jugend dieses Kreises Anregungen die Fülle gebracht. Auch der zweite der »Klosesbuben«, Wilhelm Klose, wurde Maler und bei Frommels schlug nicht nur der Sohn Otto, sondern auch der Adoptivsohn Karl Lindemann-Frommel dem Vater nach.

Nur dem bestimmten Wunsche des Vaters folgend, wählte der nach so verschiedenen Richtungen begabte Abiturient das Studium der Rechte. Seiner Neigung zur Kunst kam entgegen, daß er der Kunststadt *München* unter den Universitäten den Vorzug geben durfte. Dorthin zog Joseph im Herbst 1843, und auch im zweiten Semester hat er in Isarathen studiert. Dieses erste Studienjahr in München, in welchem er nicht allein juristische Fachkollegien (bei Arndts, Phillips, v. Moy) besuchte, sondern auch bei dem berühmten Hellenisten Friedrich *Thiersch* Ästhetik und Kunstgeschichte, bei Prantl Geschichte der griechischen und römischen Philosophie hörte, hat er viel Anregungen erhalten, die ihn in seiner Vorliebe für die bildenden Künste und besonders auch für den romantischen Reiz des Künstlerlebens bestärkten. Noch war in »Isarathen« vieles im Werden, was wir heute als Schöpfung Ludwigs I. bewundern. Peter v. Cornelius war freilich schon dem Rufe Friedrich Wilhelms IV. nach Berlin gefolgt, aber seine Wandgemälde in der Glyptothek, der alten Pinakothek und der Ludwigskirche prangten, wetteifernd mit Schwanthalers Statuen und Reliefwerken, in aller Frische. Noch baute Klenze an der neuen Pinakothek und am Siegestor. Die Beziehungen der Eltern und ihrer Freunde zu den Münchner Malern Schwind, Dietz, Kirner verschafften dem jungen kunstbegeisterten Studenten Zutritt in manch berühmte Künstlerwertstatt. Gerade damals entstand Schwinds Allegorie des Rheins und der Zyklus humoristischer Radierungen zur Verherrlichung der Tabakspfeife und des Bechers. 1844 erhielt er auch den Auftrag, für das Städelsche Kunstinstitut in Frankfurt a. M. den Sängerkrieg auf der Wartburg zu malen.

Ganz der Richtung, die Scheffels Bildungstrieb gleich im ersten Münchener Semester einschlug, entsprach es, daß derjenige Kommilitone, an den er sich hier am innigsten anschloß, kein Studiosus der Rechte, sondern der um mehrere Jahre ältere Mecklenburger Friedrich *Eggers* aus Rostock war, der sich für die akademische Laufbahn eines Kunsthistorikers vorbereitete; er ward später Professor an der Berliner Kunstakademie und Biograph des großen norddeutschen Bildhauers Rauch, Sie hörten beide bei Thiersch und waren gleich begeistert für das überall sich regende Werden einer neuen deutschen Kunst, der sie jedoch nicht ohne Kritik gegenüberstanden. Die Nachahmung der *Antike* hatte in der Malerei zum Kultus der »schönen Linie« auf Kosten der Farbe geführt; die *Romantik* hatte mit ihrer Lust an Symbolik und Allegorie, mit ihrer einseitigen Überschätzung von altdeutscher Kunst und Art die Poesie vielfach der Wirklichkeit entfremdet. »Stilvolle Wiedergabe der natürlichen Erscheinung« hat Eggers später von der modernen Bildhauerkunst gefordert, und schon jetzt fühlte sich Scheffel, eine so starke Vorliebe für die echten Poeten unter den Romantikern und für die alte deutsche Märchen- und Sagenwelt er auch hegte, lebhaft angezogen von dem wieder sich emporringenden künstlerischen *Realismus*. Schwinds realistisch empfindender und die Märchenwelt als Wirklichkeit darstellender, anmutig stilisierender Humor war ihm besonders sympathisch. Als er nach dem Abschluß des 2. Semesters vor der Heimkehr ins Elternhaus eine Reise ins obere Lechtal machte, nach Füssen, *Hohenschwangau*, begegneten ihm in dem herrlichen Bergschloß, das der damalige Kronprinz Maximilian hatte neu aufbauen lassen, unter den Fresken aus der deutschen Sage und Geschichte auch solche von Schwind. Das ganze Schloß über den zwei Seen, auf dem historischen Boden, der einst den jungen Konradin von Schwaben von seiner Mutter Abschied nehmen sah vor seiner Fahrt nach Neapel, mit dem herrlichen Blick aufs Gebirge, machte einen tiefen Eindruck auf ihn. »Man möchte wirklich fragen«, schrieb er an Eggers, »ob der Natur oder der Kunst der Preis gebührt, das Meiste zu des Schlosses Schmuck beigetragen zu haben.« Mit Eggers hatte er manche Fahrt ins Gebirg, bis nach Innsbruck hinein, unternommen. An der derbkräftigen Manier, mit der Künstlerhände in den eben in München gegründeten » *Fliegenden Blättern* « den Holzschnitt benutzten, um in Ernst und Scherz deutsches Volksleben kernig und ungeschminkt wiederzugeben, den romantischen Kultus mit dem mittelalterlichen Rittertum aber in Form der Balladenparodie zu verspotten, hatten beide ihre helle Freude. Das vertrug sich bei ihnen ganz gut, wie ihre Vorliebe für Volkspoesie jeder Art, mit ihrer Begeisterung für die antike Kunst und der Bewunderung für die formale Schönheit der Poesie *Platens*. In München hatte Graf Platen seine Dichterjugend verbracht, und in der Familie eines seiner Jugendfreunde, des Historikers v., *Schlichtegroll*, der über Platens Jugend ein Buch geschrieben hat, verkehrten die beiden Studenten. Schlichtegrolls Tochter *Julia* wurde Joseph Scheffels »Schwarm«, und noch in Heidelberg und Berlin sah er öfter ihr Bild über den Büchern vor sich auftauchen mit schelmischem Lächeln »wie so ein Engelein auf Guido Renis herrlicher Himmelfahrt Mariens«; so schrieb er aus Heidelberg an Eggers.

Dem Studium der Rechtswissenschaft blieb er übrigens nicht dauernd abgeneigt. Wohl hat er später seinen Werner Kirchhof im »Trompeter von Säckingen« mit grimmigem Humor gegen das »römische Recht« eifern lassen, aber er fand auf dem Gebiete seines »öden« Brotstudiums auch Oasen; studierte er doch in einer Zeit, wo die von Jakob *Grimm* u. a. enthüllten deutschen Rechtsaltertümer in der juristischen Welt allgemeines Interesse erregten. Der ultramontan-romantische Geist, in welchem der greise *Görres*, einst ein Heerrufer der Vaterlandsliebe vor dem Ausbruch der Freiheitskriege, »Universalgeschichte« und *Phillips* »Deutsche Reichs- und Rechtsgeschichte« vortrugen, vermochte ihn freilich dauernd nicht zu fesseln; eine freiere Auffassung bekundete aber *Höfler*, bei dem er »Geschichte des Mittelalters« hörte. Im Hause des Professors v. *Moy*, an den er empfohlen war, trat er einem seiner juristischen Mitstudenten, dem Münchener August v. *Eisenhart*, näher, mit dem er an einer sehr feudalen Tanzstunde im Salon der Ministerswitwe v. Wirschinger teilnahm und im Sommer auf gemeinsamen Ausflügen ins bayrische Oberland sich, wie mit Eggers, innigst für die Dauer seines Lebens befreundete. Das ganze Studium machte ihm im Grunde wenig Mühe; Fleiß lag ihm im Blute. Seine Hauptlehrer in Heidelberg, wo er das dritte und vierte Semester und dann das siebente studierte, waren Vangerow, Roßhirt, Mittermaier und Zöpfl, und in Berlin, wo er sein drittes Studienjahr verbrachte, Puchta, Stahl, Heffter, Homeier und Gneist. In Heidelberg und Berlin trieb er neben dem Jus gleichfalls kunst- und literarhistorische Studien, So hörte er in letzterer Stadt mit seinen Freunden Eggers und Julius Braun neuere Kunstgeschichte bei Waagen und bei dem *Shakespeare*-Forscher Werder dessen Hauptkolleg, in Heidelberg bei Ruths über *Dante* und bei *Gervinus* ein Colleg über die literarischen und sozialen Zustände Deutschlands im 18. Jahrhundert. Privatim trieb er italienisch und las neben Dante auch Tasso und Ariost.

Unersprießliche Mühe bereitete ihm dagegen der Versuch, in der *Hegel*schen Philosophie Ersatz für den erschütterten Kirchenglauben zu finden, den er schon vergeblich in Ludwig *Feuerbachs* geistvoller Kritik des Christentums gesucht hatte. Von großer Wirkung auf seine pietätvolle Auffassung des Christentums wie auf sein deutsches Sprach- und Stilgefühl wurde es, daß er in diesen Nöten die Bibel in Martin *Luthers* Verdeutschung las. Die » *deutschkatholische* « Bewegung, die um die Mitte der vierziger Jahre in Heidelberg einen Hauptsitz hatte, erregte natürlich sein Interesse; doch konnte er sich ihr ebenso wenig anschließen wie denen, die den im Sommer 1846 gewählten neuen Papst, *Pio Nono*, als Messias einer freiheitlichen Umgestaltung der katholischen Kirche begrüßten. In *Berlin* bildeten mit Eggers zwei ihm vom Karlsruher Lyzeum her sehr nahestehende Freunde seinen nächsten Umgang, von denen der eine, *Julius Braun*, Protestant, der andre, *Rudolf Braun*, Katholik war. Er durchlebte mit ihnen die Gewissenskämpfe, die bei dem einen mit der Absage an die Theologie zugunsten der Archäologie, bei dem andern schließlich mit dem Eintritt in den Jesuitenorden endeten. Er selbst suchte sein Heil in der persönlichen Freiheit von jedem bindenden Verhältnis in Glaubensfragen. Dem in Heidelberg als dritten Herzensfreund fürs Leben gewonnenen Mitjuristen *Karl Schwanitz* aus Eisenach, einem Protestanten, schrieb er im Frühling 1846 ein Bekenntnis ins Album, in dem es heißt: »Wie nach dem Verlust des religiösen Glaubens das Sittengesetz noch unveräußerlich fest fortbesteht und auch ohne Glockenklang und Gebet und Kultus aller Art festgehalten werden kann: so auch das, was den Kern jedes studentischen Strebens bilden muh, der Zug nach Wahrheit – nach wahrer Tüchtigkeit in allen Gestalten des Wirkens ... Auf die Übereinstimmung mit der äußeren Welt kommt nichts an, aber in der Übereinstimmung mit uns selbst liegt die Wahrheit unsres Daseins.« (Vgl. »Scheffels Briefe an Schwanitz«, 1906.) Einen festen Halt im Ringen nach einer befriedigenden Weltanschauung boten ihm das ruhige Urteil und harmonische Wesen seines »Mentors« Eggers, der mit ihm wie in München auch in Berlin die Wohnung teilte. Im Verkehr mit diesem setzte er sich auch mit den reaktionären Tendenzen der Romantik in Poesie, Kunst und Staat wie mit den radikalen Tendenzen der Junghegelianer und »Jungdeutschen« im Sinne des organischen Fortschritts auseinander.

Vor dieser Periode innerer Klärung aber ging ihm in *Heidelberg*, der von Reben- und Waldbergen traut umhegten, von der schönsten Schloßruine der Welt gekrönten, vom Neckar frisch durchrauschten Musenstadt, deren berufenster Verherrlicher er werden sollte, das Burschenleben in seiner ganzen Pracht auf. Im Herbst 1844 war das studentische Leben daselbst von der deutschen Freiheitsbewegung schon mächtig ergriffen. Der letzte siegreiche Vorstoß der Metternichschen Bundestagspolitik gegen das Verfassungsleben in Baden hatte den Hauptführer der nationalen Richtung Karl *Welcker* um seine Professur in Freiburg i. B. gebracht und er war nach Heidelberg, und damit in die Nähe von Mannheim, übergesiedelt, wo die anderen badischen Führer der Bewegung lebten. Fast das ganze junge Geschlecht, das damals auf deutschen Hochschulen studierte, erwartete von der nächsten Zukunft einen Wandel der deutschen Verhältnisse zur Herstellung eines national geeinten Verfassungslebens in allen deutschen Staaten. Dieser Geist hatte in Heidelberg auch die Korps ergriffen. Die übrige Studentenschaft, voran die burschenschaftlichen Verbindungen, strebte nach Einigung. Es ist erstaunlich, wie viele von den Männern, die seit 1871 am Ausbau der neuen Reichsverfassung mitwirkten, in jenen Jahren vor 1848 als Heidelberger Studenten an jenen Bestrebungen beteiligt waren; Ägidi, Bamberger, Bennigsen, Miquel, der »rote« Becker, der Hamburger Versmann sind Beispiele. Ich verweise auf Kußmauls »Jugenderinnerungen« (1898) und Ed. Dietz' »Die Deutsche Burschenschaft in Heidelberg« (1895).

Diejenige Verbindung, die sich im besondern aus Scheffels Badner Landsleuten rekrutierte, das Korps der Schwaben, befand sich auch in einem Zersetzungsprozeß. Eine Reihe älterer Mitglieder, darunter der später als Professor der Medizin berühmt gewordene Adolf *Kußmaul*, traten aus und gründeten mit Leuten aus der »Albingia« die »Allemania«, eine Reformverbindung mit burschenschaftlichen Grundsätzen, der sich Scheffel anschloß. Die Kneipe war im »Horn« bei der Neckarbrücke; man paukte in der Hirschgasse; größere Kommerse wurden im Gasthaus zum Weinberg, dem alten »Hirschen«, abgehalten. Als Farben trug man Goldblaugold, Die Hauptmitarbeiter der Kneipzeitung waren neben Scheffel und Kußmaul drei Karlsruher Füchse, Moritz Ellstätter, der spätere badische Finanzminister, Karl *Blind*, der schon jetzt ein eifriger Anhänger der vom Hofgerichtsadvokaten Gustav v. Struve in Mannheim geschürten revolutionären Richtung in der deutschen Bewegung war, und Ludwig *Eichrodt*, später als Oberamtsrichter in Lahr Mitarbeiter am Schauenburgschen Kommersbuch, ein jovialer genußfroher Gesell, dessen mit schnell wachsender Meisterschaft geübte Neigung für parodistische Scherzgedichte auf Scheffel überging. Bereits Ende Januar 1845 trat in der »Allemania« eine Spaltung ein. Mehrere der radikalen Richtung angehörende Mitglieder, darunter Blind und Eichrodt, traten aus und bildeten den »Neckarbund«. Ein andrer Teil der ursprünglichen »Allemania«, mit ihm der Tübinger »Germane« Adolf *Bonz* (der spätere Verleger der Werke Scheffels), nannte sich den »Schloßbund«. Scheffel und der obengenannte Schwanitz arbeiteten die Statuten für eine neue »Allemannia« aus, die aber bald durch Verschmelzung mit der »Palatia« in die »Teutonia« überging, der Scheffel weiter angehörte, als er mit Julius Braun und v. Stetten nach Berlin zog. Alle Heidelberger Reformverbindungen, die radikalen wie die gemäßigten, fanden sich in der »allgemeinen Studentenschaft« zusammen, in dessen Ausschuß *Ägidi* den Vorsitz führte. Das Streben der Radikalen, unter denen Blind und Miquel hervorragten, ging auf Beseitigung aller Verbindungen, Aufgehen der Studentenschaft in das Bürgertum zum gemeinsamen Kampf gegen die Gewalthaber. Scheffel fand ein Genüge, für die Wiederherstellung der alten langverpönten schwarzrotgoldenen Burschenschaft zu kämpfen, und sein Ideal war neben dem patriotischen Ziel ein rein studentisches Verbindungsleben mit wissenschaftlichen Kränzchen, Pflege der Wehrhaftigkeit der Mitglieder durch Turnen, Turnfahrten, Fechten, Schwimmen, und zum Genuß jenes freien »Burschenlebens«, das Wilhelm Hauff, der Tübinger »Germane«, in seinen »Phantasien aus dem Bremer Ratskeller« so schwungvoll gepriesen hat. Auch in der Berliner »Germania« drang er auf Durchführung dieser Prinzipien, und als er bei der Rückkehr nach Heidelberg die »Teutonen« ihnen abgeneigt fand, bildete er mit seinen Anhängern und einigen »alten Häusern« auswärtiger Burschenschaften die »Franconia«, für die er am Schluß seines siebenten Semesters den bekannten »Schwanengesang« anstimmte, ehe er nach Karlsruhe zog, um sich dort fürs Examen vorzubereiten. Die »Frankonen« trugen braune Mützen mit Goldstreifen, über der Brust aber schon heimlich das noch immer verpönte schwarzrotgoldene Band. Sie kneipten in der »Stadt Düsseldorf«. Treue Gesinnungsgenossen als Burschenschafter hatte Scheffel in Schwanitz, der bei den »Teutonen« in Jena Sprecher ward, in seinen engeren Landsleuten Leo v. Stetten, E. Kamm und Lepique, dem Schlesier Rahn, dem Hamburger Eberstein, dem Sachsen Elsner.

In den vier Jahren seines eigentlichen Studiums wurde Scheffel aus einem fast schüchternen, braven Muttersohn ein flotter und forscher Bruder Studio. Über sein Wesen in der ersten »Allemannia« hat Kußmaul berichtet: »Kein Mensch konnte ahnen, daß in Gestalt des blonden, bescheidenen und heiteren, fast mädchenhaft dreinschauenden **stud. jur.** Joseph Scheffel ein Prinz aus Genieland bei den Allemannen eingekehrt war. Die Gedichte, womit er die Kneipzeitung bedachte, dufteten noch allzustark nach der Karlsruher Schullampe.« Auch die vielstrophigen lyrischen Ergüsse, die uns Kußmaul und Schwanitz aus seiner Feder erhalten haben und die beide das Auseinandergehen der Freunde nach genußreichen Zeiten froher Gemeinschaft beklagen, haben keinen Kunstwert; doch ist es bezeichnend, daß er schon hier das Thema »Zum Schlusse kommt das Voneinandergehn« anschlug. Auf einen gleichen, mehr ans Volkslied anklingenden Ton sind die zärtlichen Gedichte gestimmt, die er an Eggers nach der ersten Trennung richtete. Gleich zu seiner vollen Eigenart entpuppte der Dichter in Scheffel sich aber nach dem in Berlin hinter den Büchern verbrachten Sommersemester 1846 auf einer größeren Ferienreise, die ihn nach der Eisenbahnfahrt bis Stettin meist auf einsamer Fußwanderung mit Ränzel und Stab an die *Ostsee*, auf die Insel *Rügen*, in die *Wesergegend* und den *Harz*, durch den *Thüringer Wald* auf die *Wartburg* brachte, auf der er damals schon ganz heimisch wurde; eine Woche lang blieb er zu *Eisenach* Gast im Elternhaus seines Schwanitz. Auf dieser langen »Burschenfahrt« begleitete ihn sein Skizzenbuch, wie schon vorher auf ähnlichen Fahrten durch Lechtal und Algäu zum Bodensee, durch Odenwald und Schwarzwald, Rheinpfalz und Rheingau, Hardtwald und Vogesen mit ihren alten Burgen und Klöstern und auf der Reise nach Berlin, als er mit Julius Braun und v. Stetten von Nürnberg aus über Bamberg Oberfranken und das Saaletal bis *Jena*, ein echter »fahrender Schüler«, durchwandert hatte. Und wie er damals bei Jena die Kunitzburg, bei Kösen die Rudelsburg u. s. w. skizziert hatte, so zeichnete er jetzt Hünengräber und Fischerhütten auf der Insel Rügen, die Reste der Kaiserpfalz auf dem *Kyffhäuser* u. s. w., und während des Zeichnens und Wanderns auf immer neuen Pfaden, während des behaglichen Rastens bei freundlichen Wirten überkam ihn die Stimmung zum Dichten. Die » *Lieder eines fahrenden Schülers*«, von denen ein Teil in den Jahrgängen 1847 und 1848 der »Fliegenden Blätter« erschienen ist, freilich ohne seinen Namen und nur zur Hälfte mit J. S. unterzeichnet, sind der poetische Niederschlag jener Wanderfahrt (s. »Nachgelassene Dichtungen«).

Der lyrische Ausdruck der Wanderlust ist gewiß eines der ältesten und beliebtesten Motive der deutschen Volkspoesie, und Eichendorff, Justinus Kerner, Emanuel Geibel haben vor Scheffel ihrem romantischen Reiz hinreißend schönen, kunstvollen Ausdruck verliehen. Aber Scheffel hat es später allerdings in ganz einziger Weise verstanden, der Lust am Wandern in wiederum neuer, ihm aus der Seele kommender Weise klingende Sprache zu geben, wobei er ihr das reizvolle Element anschaulicher Landschaftsschilderung ganz bestimmten Charakters zuführte. Von jenen »Bummelliedern« des Studenten zeigen einige schon den Keim hierzu. So tritt in »Verständigung mit dem Wirt« die durchstreifte Landschaft auf Rügen deutlich hervor, und die Kreidefelsen der Insel liefern das Motiv für einen witzigen Einfall, welcher der Größe des Studentendurstes einen riesenhaften Ausdruck verleiht. Auch der »grüne Hügel Dubberworth« am Meeresstrand, dessen Hünengrab dem fahrenden Schüler zur Lagerstatt wird, bis der Geist des Hünen dem »erklaffenden« Grabe entsteigt, wird anmutend veranschaulicht, ehe das Gespräch zwischen dem Schüler und dem Geist über die Zustände im Vaterland sich entfaltet, das letzteren veranlaßt, sich schleunigst ins Grab zurückzubegeben. Ein besonders frisches Lied stellt der weltflüchtigen Askese die Freude an Gottes schöner Welt gegenüber. Einem »unterm Fenster« liegenden Pfarrherrn ruft der Fahrende zu: »Ich bin kein Heid'« –

> »Jedoch nicht in der Kirch' allein
> Erkenn' ich Gottes Haus.
> Mir ist's, so weit der Himmelsdom
> Seine Wölbung breitet aus;
> Allüberall, wo sich das Herz
> In freud'ger Regung schwingt,
> Allüberall, wo in der Luft
> Ein frisches Lied erklingt.«

Was ihm die Hegelsche Philosophie mit ihren schwer verständlichen Abstraktionen nicht hatte bieten können, die ersehnte Harmonie zwischen sich und der äußeren Welt, das fand er im Genuß der landschaftlich schönen Natur. Auch in die politische Stimmungswelt des idealgestimmten Burschenschafters gewähren einige der Lieder Einblick. Zu Pfingsten 1846 war auf dem Kyffhäuser ein deutscher Burschentag abgehalten worden. Auf der Heimreise von der Wartburg hatte Scheffel ferner in *Frankfurt* a. M. Halt gemacht und im Kaisersaal des Römers die neuen Kaiserbilder besichtigt; die Germanisten, mit Uhland und Jakob Grimm an der Spitze, hatten gerade in Frankfurt getagt und aus Uhlands Mund war hier das prophetische Wort, das ein neues deutsches Reich heraufbeschwor, hinaus in die deutschen Lande geklungen. Unter solchen Einflüssen entstand Scheffels Gedicht »Frommer Wunsch«. Es erzählt von seinem Besuch auf dem Kyffhäuser. Wie sehnlich er dort nach dem schlafenden Kaiser gerufen habe, er sei stumm geblieben. Da wünscht er sich »ein Wunderhorn«, um den Schlafenden und alle die Schläfer im Reich aufzuschrecken.

> »Und wären sie versammelt all,
> Die Schläfer ringsumher,
> Dann wollt' ich, daß ich Flügel hätt'
> Und eine Lerche wär'.
> Dann flög' mit schmetterndem Gesang
> Dem Zuge ich voran
> Und kündete dem Vaterland
> Des Tags Erwachen an!«

Er war mit solcher Lyrik ein Epigone Uhlands, Rückerts, Heines und – seiner Mutter; was den Liedern des Einundzwanzigjährigen aber Frische gab, war, daß sich in ihnen das *persönliche Erleben* eines Studenten, der beim Dichten wirklich ein fahrender Schüler war, fröhlich und ungezwungen aussprach. Was seiner Mutter unerfüllbarer Wunsch hatte bleiben müssen, der

Genuß ungestörten Wanderns in der freien Natur, wurde jetzt sogleich das Grundelement in ihres Sohnes Jugendpoesie! Als Landschaftsmaler und Dichter zugleich die schöne Welt zu durchziehen, dieses Ideal hatte im Sommer vorher sein Bekanntwerden mit Adalbert *Stifters* »Studien« wachgerufen. Eine Ferienwanderung durch Schwaben an der Seite des Vaters, mit dem er in Weinsberg Justinus *Kerner* besuchte, hatte ihm dessen Lied von der »wandernden Welt« (»Wohlauf noch getrunken den funkelnden Wein!«) ganz besonders in die Seele geprägt.

Wir müssen hier aber auch des Einflusses gedenken, den in Berlin auf Scheffel sein schon wiederholt genannter Jugendfreund Julius Braun ausgeübt hat. Der »Lange« überragte damals an poetischem Talent alle, die seinen Umgang bildeten. Er hatte in Heidelberg als eifriger Burschenschafter einen politisch-satirischen Märchenzyklus entworfen; im Schoße des Kyffhäusers werden die Märchen dem erwachten Barbarossa von den dort seine Hilfe Suchenden erzählt. Scheffel erlebte nicht nur die Vollendung dieser Dichtung seines Freundes, sondern auch ihren Druck in Lewalds »Europa« und das glänzende »Frühstück«, das »der Lange« den Freunden nach dem Eintreffen des Honorars zum besten gab. Dieser hatte sich inzwischen, durch Goethes Aussprüche über die Mission der »Weltliteratur« angeregt, dem Studium der poetischen Meisterwerke der verschiedenen Kulturvölker nach bestimmtem Plane zugewandt und war dabei auf *Hafis* geraten, von dessen Poesie eben Friedrich Daumer seine schöne Auswahl in guter Verdeutschung hatte erscheinen lassen. Durch Braun, mit dem Scheffel damals gleichzeitig auch Goethe und Shakespeare las und sich von Heine und Börne vielfach anregen ließ, wurde nun dieser noch in Berlin mit der weltfrohen Poesie des Persers bekannt, über den er im November 1847 aus seiner grünen Stube im Elternhaus an Schwanitz schrieb: »Wenn Du einmal wieder einen recht frischen Ton, wie von Pokalanstoßen und Sang und Klang, in Dir ertönen lassen willst, so nimm die Lieder dieses Biedermannes zur Hand, der schon vor fünfhundert Jahren so vernünftig war, Dogmatik und Askese mit der Weintaberne und dem Kultus des Schönen zu vertauschen.«

Die neuere Goethe-Forschung in bezug auf die Entstehung des »Westöstlichen Diwan« hat nachgewiesen, wie auf *Goethe* in der Epoche der Freiheitskriege die Bekanntschaft mit Hafis in Hammer-Purgstalls Übersetzung eine befreiende und verjüngende Wirkung ausgeübt hat, die sich nicht nur im »Buch Suleika« und im »Schenkenbuch« des Diwan mit seinem Preis von Liebe und Wein, sondern auch bis in die erst neuerdings bekannt gewordenen Fragmente der Reformationskantate verfolgen läßt, worin es wie des Parsen Wort klingt: »Wenn wir in das Freie schreiten, Auf den Höhen da ist der Gott.« (Vgl. K. Burdach in Band 5 der Cottaschen Jubiläumsausgabe von Goethes Werken und v. d. Hellen in den Anmerkungen zu »Wilhelm Tischbeins Idyllen« im 2. Band dieser Goethe-Ausgabe.) Bei einem Studenten wie Scheffel mußte natürlich die Begeisterung für Hafis am stärksten die in Goethes »Schenkenbuch« klingenden Saiten zum Schwingen bringen. Aber die oben zitierte Strophe aus des fahrenden Schülers Lied »Entschuldigung« spricht in naiver Weise den Gedanken des Gottsuchers aus. Der fahrende Schüler Scheffel dichtete auch ein Lied von einem Einsiedelmann, der auf waldiger Höhe Gott verehrt, dabei aber (ein Vorläufer des Einsiedelmanns im späteren Lied vom Staffelstein) über einen guten Weinkeller verfügt. »Gott will, sprach er, daß jeder sich Des Lebens soll erfreun, Drum ließ er uns den Lenz erstehn, Drum schuf er uns den Wein.« Dem großen Sonnenanbeter des Ostens, in dessen Poesie sich mit leuchtendem Lokalkolorit die Gartenwelt von Schiras spiegelt, direkt nachzuahmen, wie dies etwas später mit großem Glück Friedrich Bodenstedt in den »Liedern des Mirza Schaffy« tat, reizte unsern wanderfrohen Burschenschafter nicht. Es blieb bei ein paar schwachen Versuchen. Dagegen entstand unter der Einwirkung seiner Begeisterung für Hafis das erste der lyrisch-humoristischen Meisterwerke Scheffels, die ihm der *Genius Loci Heidelbergs* eingab, das Lied vom Zwerg *Perkeo* »im Heidelberger Schloß, An Wuchse klein und winzig, an Durste riesengroß«. Der fidele Geist, der in der Karlsruher Kandidatenkolonie herrschte, die sich im Sommer 1847 zum *Falstaff-Klub* kristallisierte, in dem sich Julius Braun, Scheffel, Kamm, Lepique, v. Stetten, Max und Franz Wirth, Heinr. Goll im »Prinz Karl« nach dem Muster der lustigen Tafelrunde des Prinzen Heinz in Shakespeares »Heinrich IV.« in »allen Humoren« ergingen, hat auch seinen Anteil an dem tragikomischen

Zecherheldentum des Zwergs Perkeo gehabt, wie es Scheffel noch in diesem Jahre samt dem Worte »feuchtfröhlich« schuf. Heinrich *Goll*, der »Sir John Falstaff« des Kreises, der später das alemannische Dialektstück »Vrenele« schrieb, war ein fideles Kneipgenie, das sich damals auch in hafisischer Dichtung erging. Scheffel, sein Liebling, hieß wegen seiner Neigung zum Zitieren von Dichterstellen »Fähnrich Pistol« oder kurz »der Fähnrich«.

Mit »Perkeo« aber spielte Scheffels poetische Eigenart bewußt oder unbewußt einen Trumpf gegen zwei andere junge Dichter aus, die unter seinen Heidelberger Freunden jetzt von sich reden machten. Im Winter 1847/48 studierte sein Münchner Freund Eisenhart in Heidelberg mit andern »Neuathenern«, wie Otto v. Völderndorff, während im nahen Speyer deren Freund Oskar v. *Redwitz*, der schon Rechtspraktikant, an seiner » *Amaranth*« dichtete. Die Lieder, die Redwitz in diesen überspannt romantischen Rittersang verschmolz, wie »Es muß ein Wunderbares sein«, kannte der für sie begeisterte Völderndorff alle auswendig; und als Redwitz mit seiner Dichtung fertig war, kam er nach Heidelberg herüber und las den Freunden dieselbe vor. (Vgl. v. Völderndorff, Harmlose Plaudereien eines alten Münchners, 1892.) Bei den »Teutonen« aber, die den »Frankonen« so nahe standen, war um Ostern 1847 Otto *Roquette* aktiv geworden, ein auch musikalisch hochbegabter junger Poet aus der Brandenburger Mark. Roquette, Abkömmling einer zur Berliner französischen Kolonie zählenden Emigrantenfamilie, hatte sich in Bérangers Liederwelt mit Erfolg eingelebt. An dessen und Geibels Vorbild sich haltend, schuf er schon damals eine Reihe der schwungvollen Wanderlieder, die er ein paar Jahr später mit dem »Rhein-, Wein- und Wandermärchen« » *Waldmeisters Brautfahrt*« verschmolz. Lieder von ähnlichem Schwung und Klang wie Roquettes »Noch ist die blühende goldene Zeit«, »Ihr Wandervögel in der Luft« hatte Scheffel in seinen viel unreiferen »Liedern eines fahrenden Schülers« nicht aufzuweisen. Aber wo in Roquettes Liedern von Zechlust die Rede war, kam von dem, was die Studenten auf der Kneipe wirklich ergötzt, nichts zum Ausdruck, und seinen Wanderliedern fehlte, wie auch der Wanderpoesie der teilweis im Schwarzwald spielenden Dichtung von Redwitz, die lokale Gegenständlichkeit, mit der jetzt Scheffel den Zwerg Perkeo zum Helden echten Zechhumors zu machen unternahm. Auch zu seinem Freunde Eggers, der nunmehr bei dem Berliner Kunsthistoriker Kugler Anschluß gefunden hatte und auch schon als Kunstkritiker tätig war, fühlte sich Scheffel mit seiner Forderung, daß echte Poesie im Geiste des Hafis oder des Anakreon ebenso im Goetheschen Sinn »erlebt« sein müsse wie echte Liebeslyrik, in einem gewissen Gegensatz. Eggers, der jetzt als Dichter in Anakreon, dem Hafis der alten Griechen, sein Vorbild verehrte, war in die Berliner Dichtergesellschaft »Tunnel über der Spree« aufgenommen worden und hatte dort den Namen »Anakreon« erhalten. Das forderte Scheffels Kritik heraus.

Sein »Perkeo« war aus einem *Erlebnis*, aus einem Reiseerlebnis, erwachsen. Im September hatte er Alt-Heidelberg, wohin er öfter zum Besuche seiner Frankonen und Eisenharts fuhr, in der Stimmung eines Reisenden wiedergesehen. Er schrieb darüber an Schwanitz etwas später aus Karlsruhe: »Im September benützte ich die Durchreise eines Münchener Hofrats von Schlichtegroll, in dessen Hause ich in München sehr freundlich aufgenommen war, und der nun mit seinen Töchtern eine Rheinreise machte, mich ihm als Mentor für Heidelberg und umliegende Dörfer anzubieten, und brachte ein paar Tage auf dem alten klassischen Boden zu; des Tags über ging ich mit ihnen herum und abends fand ich auf der Frankonenkneipe, die sich unterdessen recht flott gemacht hatte, eine alte Garde von Leuten … an mancherlei Ulk hat's auch nicht gefehlt…« Natürlich hat er mit seinen Gästen im Heidelberger Schloß auch den Keller besucht, wo dem leeren Riesenfaß gegenüber das hölzerne Standbild des winzigen Hofnarren des Pfalzgrafen Karl Philipp steht. So war er selber der »Kellergruft« Perkeos des Morgens »als frommer Pilger« genaht und in der folgenden Nacht erging es ihm gleichfalls der Schlußstrophe des Liedes gemäß.

Dieses Wiedersehen mit Julie v. Schlichtegroll in Heidelberg hat aber dem jungen Dichter auch die Klage »Das ist im Leben häßlich eingerichtet, daß bei den Rosen gleich die Dornen stehn« entlockt. v. Völderndorff hat in den oben genannten Memoiren erzählt, Scheffel habe ihm und Eisenhart während des Wintersemesters 1847/48 in Heidelberg schon ein Lied dieses

Anfangs vorgetragen. Das stimmt mit der folgenden Beichte, die Scheffel Mitte Oktober seinem intimsten Freund, Eggers, abstattete: »Du wirst Dich erinnern, daß mir in der letzten Zeit in München die schöne kleine Julie Schlichtegroll merklich gefallen hat, und das kleine Engelsköpfchen hat mich in der Erinnerung durch allen Saus und Braus des Studentenlebens begleitet und mehrfach in meinen Herzkammern herumgespukt. In der Brachzeit des Kandidatenlebens, wo man oft Veranlassung hat, über Kompendien und Heften noch an dies und das zu denken, ist mir's auch oft in den Sinn gekommen – ich habe auch meinen Eltern schon davon gesprochen. Wie ich nun am 2. September ( **NB**. In meinem Notizbuch steht unter diesem Datum: ›Heut hab' ich **Giulietta**, wiedergesehen – Herz krach und brich nicht!‹) gerade über meinem Landrecht sitze, erhalte ich ein paar Zeilen, Hr. v. Schl. mit seinen zwei Töchtern sei hier. Ich gehe gleich hin, war freundlich empfangen und die kleine Julia war unterdeß gar stattlich aufgeblüht, ohne daß sich aber das Zarte, Mignonartige in ihrem Wesen verwischt hatte. Ich zog mit ihnen in der Kunsthalle herum – führte sie alsbald im elterlichen Hause ein und veranlaßte sie, einen Tag länger hier zu bleiben, – während welcher Zeit ich natürlich Aug und Herz nur an einen Fleck gerichtet hatte. Dann gingen sie nach Baden und von da nach Heidelberg. Ich bat um Erlaubnis, sie nach Heidelberg begleiten zu dürfen, um in meiner alten Musenstadt als Mentor zu dienen. Dies ward angenommen, und ich verlebte vier Tage mit ihnen in Heidelberg, die ich nie vergessen werde! Es war wahrhaftig viel Poesie darin, an Juliens Seite an all den prachtvollen Orten auf dem Schloß und in den Bergen, wie an den Neckarufern herumzustreifen – und Zeuge ihrer naiv anmutigen Freude über all das Schöne, das ihr, die noch nie aus München weggekommen war, doppelt schön schien, zu sein. Ich schmeichelte mir, als Staffage in der Heidelberger Landschaft in ihrer Erinnerung auch nicht ganz vergessen zu werden; – aber als schüchterner Bursche war mir's genug, in ihrer Nähe zu sein, und ich sprach über das **punctum saliens**, was mich mit ihnen nach Heidelberg geführt hatte, kein Wort. Der alte Schlichtegroll schien auch nicht übel mit mir zufrieden, wenigstens umarmte er mich väterlich beim Abschied.

»Nach freundlicher Trennung reisten sie nach Köln, ich zu meinem Landrecht zurück nach Hause. Daß das Engelsköpfchen itzt erst recht in mir zu spuken anfing, kannst Du Dir denken; meinen Eltern, mit denen ich ganz offen darüber sprach, hatte Julia auch sehr gut gefallen, und ich redete schon mit meinem Vater darüber, daß er, wenn ich, sein Sohn, dermaleinst, was man so nennt, eine Existenz, d. h. eine sichere sociale Stellung hätte, er mit Hut und Frack nach München reisen und für mich werben solle. Nun sind kaum vier Wochen seitdem verflossen, da kommt die Nachricht, daß während der Reise der Tochter mit ihrem Vater ein Biedermann, der schon eine solide Stellung hat, ein Rath St..., ein alter Hausfreund ..., bei der Mutter, die in München geblieben war, um die kleine Julie angehalten und sie ihm ihre Hand zugesagt und daß die Geschichte itzt schon im Reinen ist. Das arme 17jährige Kind wird natürlich den Vorstellungen der Alten wenig eigenen Willen entgegensetzen, und da ist eben das End vom Lied eine solide bürgerliche Heirat. Hätte ich in Heidelberg oder hier nur ein Wort gesprochen, so wäre es vielleicht ganz anders! – Ich war wie vom Donner gerührt; es soll itzt das Engelsköpfchen für mich nichts weiter als ein Traum sein – ich kann itzt erst mit Grund sagen ›Herz krach und brich nicht!!‹«

Über diese herbe Herzenserfahrung, die sich mit dem Bewußtsein seines Berufs zum humoristischen Dichter im Geiste des Hafis so tragisch kreuzte, half ihm sein frischer Jugendhumor zunächst leicht genug hinweg. »Übrigens als ein **à la** Heine Zerrissener wandle ich darum nicht umher«, mit diesem Trutzwort schloß er seinen Bericht an Eggers, und bald entstand zum Gaudium seiner Freunde im Fallstaff-Klub und bei den Frankonen, die von seiner Liebe nichts wußten, die Katerfrühstücks-Parodie auf *Heines* wehmutsvolles Lied »Ein Jüngling liebt' ein Mädchen«, die von der unglücklichen Liebe eines Härings zu einer Auster handelt. Aber wirklich verwinden konnte er den Schmerz doch keineswegs und viel poetischen Gewinn trug ihm derselbe jetzt nicht ein. Zum Dichter im großen Sinne des Wortes hielt sich Scheffel noch längst nicht berufen.

Es bestärkten ihn viele Einflüsse in seiner Zurückhaltung. Als die »Fliegenden Blätter« jetzt seinen Barbarossa-Anruf herausbrachten, war er bereits zu einem überzeugten Gegner »aller

Romantik in der Politik« geworden. In seinem letzten Heidelberger Semester hatte er bei *Gervinus*, der jetzt mit Bassermann und Mathy an die Gründung der »Deutschen Zeitung« ging, die damals von mehr als sechshundert Zuhörern besuchten Vorlesungen *über Politik* gehört. Gervinus warnte darin vor der modischen Vermischung von Politik und Poesie. Die Zeit brauche ernste politische Arbeit. Die Poesie habe im politischen Leben der Nation ihre Mission erfüllt. Und in der Tat hatte die politische Lyrik über Freiligraths gewitterschwangeres »Glaubensbekenntnis« hinaus vor 1848 nichts mehr zu sagen. Auf Scheffel machten Gervinus' Lehren tiefen Eindruck. Noch als er den »Trompeter« geschaffen hatte, blieb er von dem Gefühle bedrückt, ein »Epigone« zu sein, für den es sich, mit den großen Dichtern der literarischen Blütezeit zu wetteifern, eigentlich nicht lohne. In dem schönen Brief, den er damals an Uhland schrieb, hat er es direkt ausgesprochen. Auch von der Scheu, als Nachahmer in die Fußtapfen seiner Mutter zu treten, war er nicht frei. Es blieb für lange bei der einen, klassisch schönen Ballade, die den Geist des Rodensteiners mit patriotischer Tendenz vorführt, »Es regt sich was im Odenwald«, mit der er ernstlich einen Wettkampf mit seiner Mutter aufnahm, die dasselbe Thema (»Horch auf! Was klirrt an Riegel und Gruft?«) auf ihre Weise behandelt hat. Die Einwände Th. Lorentzens (»Die Sage vom Rodensteiner«, 1903) konnten meine Ansicht nicht entkräften, daß Scheffel diese Ballade ein Jahr nach seinem ersten Besuche der Geisterburg Rodenstein bei Reichelsheim im Odenwald gedichtet hat, den er mit Kamm, Rahn und zwei Frankonenfüchsen im Februar 1847 bei stürmischem Winterwetter ausführte, um auf eine natürliche Erklärung der Sage von der wilden Jagd des Rodensteiners zu kommen. Einen aktuellen Anlaß für die Ballade bot im Februar 1848 die von dem revolutionären Frankreich drohende, in Baden stark empfundene Kriegsgefahr. Damals stimmte Scheffel das kurze Zeit später in den »Fliegenden Blättern« erschienene »Reiterlied« an: »Viel lieber zu sein ein Reitersmann Und jung zu sterben im Gefecht, Als achtzig Jahr und ewig sodann Ein buckliger Schreibersknecht.« Auf die Kriegsgefahr aus Frankreich deutet in der Rodenstein-Ballade der Vers: »Vom Rhein her streicht ein scharfer Luft, Der treibt den Alten aus der Gruft.« Der Schluß mit der Beschwörung eines »Manns«, der den Flammberg des Rodensteiners schwingen könne, ist der Höhepunkt von Scheffels patriotischer Jugendpoesie der ernsten Art, wie dies »Die Teutoburger Schlacht« in der von humoristischer Stimmung ist. Der kräftig-derbe Hinweis auf die Niederlage der »frech« gewordenen Römer im Teutoburger Wald hat auch 1870 als poetische Aktualität tausendfach zündende Wirkung getan!

Scheffel war 1847 mit seinen Interessen tief in die Politik hineingeraten. Das Ausarbeiten einer dicken Abhandlung über das Surrogat nach französischem und römischen Recht, mit der er die Zulassung zum Staatsexamen zu bewirken hatte, hinderte ihn nicht am fleißigen Besuch der Karlsruher Landtagskammer. Seine Freunde Max und Franz Wirth brachten ihn in Beziehung zu ihrem Vater, dem alten Freiheitskämpen aus der Zeit des »Hambacher Festes«. Hochbewegt schrieb Scheffel am 26. Februar 1848 an Schwanitz: »Seitdem gestern die Nachrichten von Paris eintrafen, ist man hier in einer so gewaltigen Spannung und Aufregung, daß der Sinn für alles andere aufhört.« Er glaubt an die Möglichkeit, daß die Franzosen »sich auf den Pariser Schrecken hin einen Krieg mit Deutschland als Aderlaß verordnen«, und auf diesen Krieg freut er sich. »Dann tritt an die Stelle von unserm schauderhaft papiernem Leben, Akten- und Zeitungsschmiererien, die frische Tat … Und wenn das Volk aufsteht mit der Garantie und dem Bewußtsein, daß es für Zustände kämpft, deren Erringung und Sicherung ein paar Tropfen Herzblut wert ist, dann gibt's einen heiligen Krieg, an dessen Erfolg kein Zweifel sein kann.«

Aber der Pariser Februarrevolution folgte die *deutsche Märzerhebung*! Und kaum war im Karlsruher Ständehaus von der Regierung die geforderte Volksbewaffnung bewilligt, da trat Scheffel mit seinen Freunden in die Reihen der Bürgerwehr. Baden war der Herd der großen deutschen Volkserhebung, die damals mit verhältnismäßig geringen Opfern die Herrschaft Metternichs in Österreich und am Bundestag stürzte und in allen deutschen Staaten wirklich ein Verfassungsleben durchsetzte. Am 5. März tagten die einundfünfzig »Vertrauensmänner des deutschen Volkes« in Heidelberg unter dem Vorsitz von Itzstein und Welcker. Die Einberufung des »Vorparlaments« nach Frankfurt a. M. wurde beschlossen, und kaum hatte dieses getagt, entzündete die revolutionäre Ungeduld von Hecker und Struve den bewaffneten Aufstand im badischen Oberland, den Scheffel mit seinen Freunden nur mißbilligen konnte, denn die aussichtslose kleine Sonderrevolution mußte die Verwirklichung der Märzerrungenschaften in ganz Deutschland nur gefährden. Das Auftreten seiner alten Gegner vom »Neckarbund«, wie Karl Blind, als Agitatoren der Revolution gleich in den ersten Märztagen hatte ihn in dieser Gegnerschaft befestigt. Mit rückhaltloser Hoffnung begrüßte er aber das Zusammentreten der Deutschen Nationalversammlung in der Frankfurter Paulskirche.

Auch seine Eltern waren überzeugt, daß diese, die namhaftesten Patrioten umfassende Versammlung die ihr gestellte Aufgabe, eine deutsche Reichsverfassung festzustellen, glücklich lösen werde. Sie ließen den Sohn nach der alten Kaiserkrönungsstadt ziehen, damit er die dort zu beratenden deutschen Grundrechte gleich an der Quelle studiere. In *Frankfurt* hatte der junge Rechtskandidat das Glück, von Welcker, dem jetzt triumphierenden Organisator der »deutschen Bewegung«, der mit Dahlmann, Uhland u. a. den Bundestag zeitgemäß umgestalten sollte und Abgeordneter der Freien Stadt Frankfurt in der Paulskirche ward, als Sekretär angenommen zu werden. Zu Pfingsten nahm er dann als »Frankone« auf der *Wartburg* am Deutschen Burschentag teil, wo er mit vielen alten Freunden, auch mit Schwanitz und Eggers, zusammentraf.

Ende Juni fuhr Welcker als Bevollmächtigter der Frankfurter Zentralgewalt in das Herzogtum *Lauenburg*, um die dortigen Landstände für den Befreiungskampf der Schleswig-Holsteiner umzustimmen, und Scheffel ging als »Legationssekretär« mit und empfing in Ratzeburg, Lauenburg, Rendsburg buntbewegte und erhebende Eindrücke. Schon winkten ihm nach der genußreichen Rückfahrt über Hamburg, Bonn, Köln ähnliche Aufgaben, da erhielt er Ende Juli plötzlich die Aufforderung, sich in *Karlsruhe* zum Staatsexamen zu stellen. Er hatte auch im Sinn gehabt, als Freiwilliger mit dem badischen Kontingent gleich andern seiner Freunde nach Schleswig zu ziehen. Nach gut bestandenem Staatsexamen ging er zunächst wieder nach Frankfurt, doch der große Krach im Parlament infolge des Friedens zu Malmö trieb ihn nach Heidelberg, wo er sein Doktorexamen am 11. Januar 1849 **summa cum laude** bestand. Um diese Zeit schrieb er an Schwanitz, mit dem er zu Pfingsten auf der Wartburg die vermeintlich schon errungene deutsche Einheit mit Reden und Liedern schwungvoll gefeiert hatte: »Seit ich am 16. September zu Frankfurt den Waffenstillstand von Malmö verwerfen hörte und am 18. oben auf dem Dom zu Frankfurt stand und die Barrikaden aus der Erde wachsen und den Sturm und Kampf um dieselben herum gesehen habe, da habe ich den Glauben an das Volk auf beiden Seiten und die Poesie der Revolution verloren, und was im Oktober zu Wien und im November zu Berlin vorging, hat mir ihn nicht wiedergegeben …Ich habe freilich die Gewißheit, daß unser Reichsadler dereinst noch mit Ehren über Altdeutschland flattern kann, aber erst, wenn wir Jungen auf den Schlachtfeldern mit unserm Herzblut das Vaterland gerettet haben.« Wie schwer es dem jugendlichen Idealisten geworden ist, sich in all die bitteren Enttäuschungen der Zeit zu finden, wie er im Mai 1849 vor dem Ausbruch der zweiten badischen Revolution für das Zustandekommen einer großen Aktion der achtundzwanzig verfassungstreuen deutschen Regierungen gegen die Wiederherstellung des Absolutismus als Redner und Journalist gewirkt hat, davon geben die gleichzeitigen Freundschaftsbriefe an Schwanitz und Eisenhart ergreifende Kunde.

Zwischen die beiden Examina fielen die ersten Versuche Scheffels, sich in die Sphäre der Amtsstube, in die regelmäßige Bureauarbeit eines richterlichen Beamten einzuarbeiten. Am 2. November 1848 zum Rechtspraktikanten ernannt, trat er sofort den Dienst in *Heidelberg* auf dem Kriminalbureau des Oberamts an; sein Vorgesetzter, den er gegen Schwanitz als sehr fidel und freundlich rühmte, war der Rechtspraktikant Friedrich v. *Preen*, der damals die Funktionen eines Untersuchungsrichters in Heidelberg ausübte. Scheffel wohnte diesmal jenseits der Neckarbrücke, wo Welcker und Gervinus ihre Häuser hatten, und teilte die Wohnung mit dem »langen Braun«, der als Privatdozent an seinen ersten frischen Vorlesungen über die griechische Poesie arbeitete, die er mit Scheffel durchsprach. »Wenn ich aufstehe, sehe ich das Schloß in seiner alten Pracht vor mir liegen, das ist auch etwas wert,« schrieb er nach Eisenach. »Außerdem ist Heidelberg doch nicht außer der Welt; das Museum ist ein literarischer, politischer und geselliger Mittelpunkt.«

Hier im Museum hatten bis zur Volkserhebung im März 1848 Welcker und die Männer der »Deutschen Zeitung« ihren Stammtisch gehabt; hier trafen sich unter dem Vorsitz eines derselben, des Historikers Professor Ludwig *Häusser*, jeden Mittwoch abend die Mitglieder einer fröhlichen Kneipgesellschaft, die sich »Der engere Ausschuß« oder kurz » *Der Engere*« nannte, und in dieser erschien in jenen Wintermonaten mit Braun und v. Preen, zunächst als Gast, herzlichst von allen begrüßt, der Sänger des »Perkeo«. Das Gedicht »Hesiod« und die Übung im »Neugriechischen« im »Gaudeamus« – Braun bereitete sich für seine große Reise nach Griechenland, Ägypten und Kleinasien vor, aus der sich dann sein Hauptwerk »Geschichte der Kunst in ihrem Entwicklungsgang durch alle Völker der alten Welt« ergab – sind Früchte dieses Verkehrs. Im »Engeren« war es Häusser, der ihn zunächst am mächtigsten anzog. Vieles vereinigte sich in diesem geistreichen Historiker, der acht Jahre älter als unser Dichter und von Herkunft ein Pfälzer war, was den Verkehr mit diesem äußerst anziehend machte. Als Historiker hatte er gerade diejenigen Stoffgebiete mit gründlichem Eifer erforscht, die den jungen Juristen mehr interessierten als sein gesamtes Fachwissen, die ältere Geschichte Deutschlands und im besondern die der badischen und rheinpfälzischen Heimat. Dazu kam Häussers außerordentliche Begabung für die gesprächsweise Entfaltung der reichen Schätze seines geschichtlichen Wissens unter Bezugnahme auf lustige Anekdoten und Reminiszenzen, eine Kunst, für welche Scheffel auch seinerseits ein ganz besonderes Talent mitbrachte. Schließlich war aber auch Häusser ein leidenschaftlicher Freund jener burschikos übermütigen Geselligkeit, wie sie in der ganzen Welt nur auf deutschen Hochschulen heimisch ist und an welcher auch Scheffel eine unverwüstliche Freude behalten sollte.

Da Scheffel, der Anfang 1849 als Bürgerwehrmann nach *Karlsruhe* einberufen war, dort über freie Zeit verfügte, ließ er sich, als die Aussichten des Frankfurter Verfassungswerks immer unsicherer wurden, von Häusser überreden, die Redaktion der in Karlsruhe erscheinenden »Vaterländischen Blätter« zu übernehmen, des Organs der konstitutionellen nationalen Fortschrittspartei. Gegenüber den partikularistischen Tendenzen der badischen Volksvereine suchte er in dem Blatt den deutschen Gesichtspunkt noch einmal zur Geltung zu bringen. Dies tat er auch am 12. und 13. Mai auf der großen Volksversammlung in Offenburg, die den deutschen Großmächten zum Trotz die Durchführung der Reichsverfassung in Baden beschloß. Auf den Rat des Märzministers Bekk ließ Großherzog Leopold am 13. Mai die Reichsverfassung sowohl von den Soldaten wie von der Bürgerwehr feierlich beschwören. Dennoch kam es noch am Abend zu der Militärrevolte, die den Großherzog veranlaßte, sofort die Flucht zu ergreifen. Als die zur Verteidigung der Bürgerschaft und der Stadt aufgerufene Bürgerwehr in der Nacht das Zeughaus gegen die stürmenden Tumultuanten zu verteidigen hatte, war auch Scheffel dabei beteiligt. Sein Freund und Kamerad Kamm hat ihm die Betätigung hervorragenden Mutes nachgerühmt.

Nach dem Siege der Revolution war seines Bleibens nicht länger in Baden. Er folgte dem Beispiel Häussers und v. Preens, die sich gleich anderen Heidelberger Familien über die hessische Grenze nach *Auerbach* an der Bergstraße begeben hatten. Es waren meist Männer der Gagernschen Partei, die mehr oder weniger Anteil an der deutschen Bewegung genommen, der republikanischen Propaganda aber als Gegner gegenübergestanden hatten, darunter mancher alte Burschenschafter. Einzelne der Flüchtlinge, Franz v. Roggenbach, Aug. Lamey, Julius Jolly haben später als Minister ihre Prinzipien zur Durchführung bringen können. Scheffel verbrachte die schönen Maitage meist zeichnend in der romantischen Umgebung der zwischen Heidelberg und Darmstadt gelegenen Sommerfrische am Fuße des Melibokus, des Abends aber fand er sich zur Maibowle ein, die nach seinem späteren Urteil ja »kein Mann in Europa« so gut zu brauen verstand wie Häusser. Mit Spannung und Bedauern erlebte man das Heranrücken der preußischen Truppen unter dem Prinzen von Preußen gegen die badische Grenze und sehr zwiespältig war die Genugtuung über die Siege dieser Truppen, obgleich sie Ordnung ins Land brachten. Vom 13. Juni an befand sich das Hauptquartier des Generals v. Peucker für eine Weile ganz in der Nähe, in Zwingenberg. Aber der leuchtende Mai und die lachende Natur der Bergstraße dämpften den Unmut. Auf gemeinsamen Ausflügen ergötzte Scheffel die Gesellschaft durch die Mitteilung seiner humoristischen Lieder. So gelangte das Lied »Als die Römer frech geworden« eines Abends von dem Riesenaltar des »Felsenmeers« herab zu wirkungsvollem Vortrag. Es ist sehr wahrscheinlich, daß damals in Auerbach zu Füßen des »Chattenbergs«, wie ein alter Name den Melibokus bezeichnet, der famose Festbardit der Chatten »Ha'– Hamm'– Hammer dich emol, emol, emol« in der Ballade »Am Grenzwall« (s. Bd. 6 »Gaudeamus«) erstmals erklungen ist.

Der Flüchtlingskolonie in Auerbach hatte sich auch der humorvolle Gesangssolist des »Engern«, der Pfarrer der Gemeinde Ziegelhausen bei Heidelberg, Christoph *Schmezer*, angeschlossen.

Schmezer war ein Franke, am 29. April 1800 zu Wertheim am Main geboren. Studiert hatte er als Burschenschafter in Halle und Heidelberg; von besonderem Einfluß auf ihn waren namentlich Daub und der Rationalist Paulus gewesen, der sich bekanntlich durch seine natürliche Erklärung der Wunder Jesu einen Namen gemacht hat. 1830-39 war Schmezer Pfarrer in Baden-Baden, wo der geistreiche Kanzelredner eine große Welterfahrung erwarb, und seit 1840 stand er der Gemeinde von Ziegelhausen vor, die Nähe Heidelbergs auch zur Vertiefung seiner naturwissenschaftlichen Kenntnisse benutzend. Schmezers Spezialität im »Engeren« war der melodramatische Vortrag humoristischer Gedichte und Lieder. Wie sein Bruder, der Braunschweiger Opernsänger, war er im Besitze einer Stimme von seltener Kraft und Fülle. Nicht nur seine Kenntnis der humoristischen Musikliteratur, sondern auch eigene Begabung setzten ihn in den Stand, für neue Texte dieser Art wirksame Melodien zu finden. In Schmezers Gesellschaft ist Scheffel auf die schwungvollsten und kraftvollsten seiner komischen Lieder für den »Engeren« gekommen.

Sechs Wochen dauerte der Aufenthalt in Auerbach, aber der Humor, den Scheffel dort entfaltete, war nach seinem eigenen Bekenntnis nur die umgekehrte Form der Melancholie, die ihn im Innern beherrschte. Am 15. und 16. Juni fanden die Gefechte bei Käfertal unweit Mannheim und bei Ladenburg statt. Am 25. zogen die siegreichen Preußen in Karlsruhe ein. Am 29. wurde die halbaufgelöste Insurgentenarmee hinter der Murglinie bei Gernsbach nach verzweifelter Gegenwehr geschlagen. Die Festung Rastatt, die sich unter Tiedemanns und Corvins Kommando noch drei Wochen hielt, mußte sich am 23. Juli ergeben. Als nach dem Gefechte bei Gernsbach die Reichstruppen *Weinheim* besetzten, wurde v. Preen an Stelle des von dort vertriebenen zweiten Beamten als Amtsverwalter angestellt. Auf v. Preens Bitte kam Scheffel als Volontär zu ihm, blieb aber nicht lange. Er wurde dann »mehr aus Interesse an der Situation als an dem Geschäft« Aktuar bei dem Zivilkommissar Geh. Rat Schaaf, dem er ins preußische Hauptquartier Kuppenheim vor *Rastatt* zu folgen hatte. Als aber die Zumutung an ihn herantrat, in den Untersuchungskommissionen für die politischen Gefangenen verwendet zu werden, hielt er das mit seiner ganzen Stellung zur Revolution und mit seiner Ehre für unvereinbar. Er wurde damals »wegen seiner kurzen journalistischen Tätigkeit und einer Rede aus den Märztagen« seiner Stelle plötzlich enthoben.

Mitte August unternahm er dann mit Häusser eine längere Reise in die *Schweiz*, vom Bodensee zu den Quellen des Rheins, in die Graubündner Alpen und über den *Splügen* bis zum *Comosee*, »um in frischer Luft auch wieder frische Gedanken zu holen«. Über sein erstes Betreten *Italiens* schrieb er an Eggers: »An Italiens Grenze habe ich auch ein Weniges in das Land meiner Jugendwünsche hineingeschaut; wir stiegen über den Splügen nach Chiavenna herab und siedelten uns eine Woche lang am **Lago di Como** fest. Da hab' ich gewohnt, am wundergrünen See, am Fuß der Villa Sommariva, wo Thorwaldsens Alexanderzug und Canovas Statuen einen Vorschmack antiker Plastik geben, und hab' das Lorbeergezweig und die Olivenbäume um mich rauschen lassen und in italischer Luft und in italischem **dolce far niente** wieder meinen alten Menschen, d. h. den kunst- und natursinnigen, der seit 1848 unter einem Trümmerhaufen politischer Pflastersteine begraben lag, zur Auferstehung gebracht; und hab' in der Schifferbarke die Odyssee gelesen, und die hat besser getönt als alles Broschürengequicke über allgemeines oder besonderes Wahlrecht oder über den Erbkaiser und weiß der Teufel was noch. Da hab' ich auch viel Deiner gedacht; lieber Fritz, Du mußt auch nächstens nach Italien ...Dem alten Goethe ist auch bei seiner italienischen Reise ein Licht aufgegangen wie eine Pechfackel ...Ich hab freilich diesmal nur hineingeschaut, denn weiter zu gehen, lag nicht in meinem Plan und Rom hab' ich mir für bessere Zeiten als Winterstation ohnedies vorbehalten.« Die Rückreise hatte ihn über *München* geführt und dort hatte er auch bei Schlichtegrolls vorgesprochen. »Im Hause Schlichtegroll war ich mit alter Freundlichkeit aufgenommen. Die trefflichen Leute haben freilich nicht geahnt, was für Gedanken in mir heraufdämmerten, als ich an der Seite der Frau Julia saß und sie mit unbefangener Heiterkeit – und schöner als je – sich mit mir unterhielt.« Auch diesmal hatte ihn sein Skizzenbuch begleitet, und nach der Rückkehr fand er Muße daheim und in Heidelberg, manch flüchtige Skizze künstlerisch auszuführen. Studien über die Geschichte Graubündens, zu denen ihn die dort empfangenen Reiseeindrücke veranlaßten, befriedigten seinen historischen Sinn und lenkten ihn ab von der peinlichen Gegenwart. In dieser Stimmung bewarb er sich Ende des Jahres um die freigewordene Stelle eines besoldeten Rechtspraktikanten beim Bezirksamt in *Säckingen*, und er hatte Erfolg.

Anfang 1850, also mitten im Winter, traf Scheffel in der altersschönen »Waldstadt« am Oberrhein ein, und bis zum 1. September 1851 dauerte sein Aufenthalt. Hier empfing er den Stoff für seinen »Sang vom Oberrhein« *»Der Trompeter von Säckingen«* (s. Bd. 5), und es gewährt einen eignen Genuß, bei der Lektüre der *»Säckinger Episteln«* (s. Bd. 4), einer Reihe humorsprühender, eingehender Berichte über seine Erlebnisse aus dem Anfang und dem Schluß dieser Zeit an die Seinen daheim sich klarzumachen, wie viel von persönlich Erlebtem in die Dichtung überging.

Die badische Amtsstadt, die so stattlich von dem ehrwürdigen Fridolinsmünster überragt wird, war früher eine der vier österreichischen »Waldstädte am Rhein« (neben Rheinfelden, Laufenburg und Waldshut) und eine Zeitlang auch Sitz des Waldvogts, der im Hauensteiner Land zwischen Rhein, Wehra und Wutach das kaiserliche Schirmrecht gegenüber den Freiheiten des Volks und den Rechten der Abtei St. Blasien ausübte. Zwischen Basel und Konstanz, am rechten Ufer des jugendlich dahinrauschenden Rheines, etwa gleich weit vom Rheinfall bei Schaffhausen und der Spitze des Feldbergs, zu Füßen des Eggbergs und gegenüber dem schweizerischen Bötzberg und dem Frikktal gelegen, teilt sie mit den meisten Stiftungen welterfahrener Heidenapostel das angenehme Schicksal einer ebenso günstigen wie schönen Lage.

Als der junge **Doctor juris** Scheffel nach langer Postfahrt – die Eisenbahn ging erst bis zum Isteiner Klotz – in Säckingen einzog, hatte das schmucke Schloß der einstigen Großmeyer des Fürstlichen Frauenstifts für ihn noch keine Bedeutung, waren die Namen Werner Kirchhof, Hiddigeigei u. s. w. ihm völlig unbekannte Klänge. Und als er am nächsten Tag auf der gedeckten alten Holzbrücke stand, die Säckingen mit Stein am Schweizer Ufer verbindet, und aus einer der Fensterluken hinab auf den Fridolinsacker im Strom und hinüber zu den Zinnen des »Herrenschlößleins« lugte, da ahnte er nicht, daß er jene Insel drei Jahre später als Dichter mit einem unternehmenden Spielmann beleben werde, der sie benutzt, um unbemerkt vom Rhein her einem im Giebelzimmer des Schlosses lauschenden Edelfräulein das Geständnis seiner Liebe in sehnsuchtsvollen Trompetentönen zuzuhauchen. Noch war »des Herrenschlößleins schlankbetürmter Bau« keineswegs so stattlich wieder hergestellt und herrschaftlich eingerichtet, wie es später durch den Seidenfabrikanten Th. *Bally* geschah, und die unteren Räume dienten sogar samt dem Garten mit seinen hohen Wildkastanienbäumen den Zwecken einer Brauerei und Gastwirtschaft. Dafür drängten sich aber auch noch nicht wie heute in das Bild der Stadt die Wahrzeichen der seitdem zur Blüte gekommenen Industrie; der ganze Ort war noch inniger verwachsen mit seiner ländlichen Umgebung und den Tannenwaldbergen im Hintergrund, die den stillen, heute »Scheffelsee« genannten Bergsee umhegen. Der ganze erste Eindruck heimelte den Dichter an; auch die Lage seiner Amtsstube in dem hohen Staffelgiebelhaus, dem früheren Stiftsgebäude, war seinem historischen Sinn sympathisch.

Zudem kam er nicht als Fremdling, sondern wohlvertraut mit den Vorzügen und Reizen der Waldstadt hierher; war doch sein Vater als junger Regierungsingenieur längere Zeit in der Gegend tätig gewesen, hatte ihm dieser doch im Knabenalter schon Ort und Gegend gezeigt. Ein paar Stunden von Säckingen rheinaufwärts aber, in Großlaufenburg auf der Schweizer Seite, wohnte der Fürsprech und Großrat Wilhelm *Heim*, der Onkel von Josephs Schwarzwaldbäschen in Zell, ein jovialer, gastfreier Mann. Und war es nicht *Hebels* Heimat, die ihn ringsum grüßte, das Quellgebiet der Poesie, die ihm in der Kinderzeit die vertrauteste war? Im Tal der Wiese und der Wehra wie auf dem Hauensteiner Wald fand er den unverfälschten alemannischen Volksschlag, den Hebel mit ebenso viel Liebe wie Naturtreue in der Mundart des Landes geschildert hat!

Gleich in der ersten Epistel an daheim, die seinen Eintritt ins Amt als »Respizient für Kriminal- und Polizeisachen« vermeldete und auch schon des Honoratiorenstammtischs im »Goldenen Knopf« beim Gastwirt *Broglie* und des Posthalters *Malzacher*, bei dem einst der Vater gewohnt, Erwähnung tat, rühmte er das Interesse, das für Hebels Poesie und Prosa in diesem Kreise bestand. In der nächsten Epistel, »Wie der Doktor Scheffel seine erste Ausfahrt in den Wald gehalten und dabei den Balthes Nicker, mehrere Schneelandschaften und andere Hauensteiner Biedermänner sowie den ›Meysenharts Joggele‹ kennen gelernt hat«, kam Hebel ebenso zu Wort wie im März in der Schilderung des »Sankt Fridolinifests«, zu dem Tausende von Teilnehmern aus dem Rheintal und vom »Wald« auf dem Säckinger Markt vor dem Münster zusammengeströmt kamen. Die Zundelfrieder- und Zirkelschmiedsgeschichten des »Rheinischen Hausfreunds« mögen das Ihrige dazu beigetragen haben, daß Scheffel dann mit so köstlichem Humor in der »sechsten Epistel« seine bisherigen Erfahrungen als Polizeirespizient für den Nachweis ins Feld führte, daß gerade das, was die Poesie verherrliche, von der Polizei oft verpönt werde. Wohl klagte er dabei über die Ironie des Schicksals, daß er »antipolizeiliches Gemüt« sich jetzt mit der Besorgung von Polizeigeschäften befassen müsse, aber sein Bericht klang heiter aus in dem Bekenntnis, daß es Momente gäbe, wo der Polizeirespizient sich lediglich in Poesie auflöse und sich höchst polizeiwidrig aufführe.

Aber nur im ersten halben Jahr hat Scheffel mit solchem Humor sich über den Konflikt seiner Dichternatur mit seinen Dienstobliegenheiten ergangen. Schon sehr bald nach seiner Ankunft in Säckingen hatte er an Schwanitz geschrieben: »Leider hab ich den Schmerz um Altdeutschland auch hierher mitgenommen und kann ihn immer noch nicht los werden!« Und am 13. Juli 1850 schrieb er, tieferregt über das Schicksal, von dem Schleswig-Holstein nach Abschluß des Friedens zwischen Preußen und Dänemark bedroht war: »An alte Hoffnungen und Träume und an mein liebes Altdeutschland denk ich freilich leider nicht mehr viel – da schwimmt täglich viel Wasser den Rhein herunter und der Schmerz bleibt doch der nämliche – und was nützt's, wenn Einer auch dran denkt? Es gibt höchstens ein Gefühl, wie das des alten Capulet, der im Randal der Straße, wo die Seinigen und die Montagues sich herumschlugen, ans Schwert greifen wollte und merkte, daß er nur seinen Schlafrock anhatte. 'S Dunner und 's Wetter! sagen unsre Wälder. Und was nützt's, wenn Einer dran denkt, wie voriges Jahr unterm Banner der schwarzrotgoldenen Farben die Dänen gehauen und ihre Schiffe zusammengeschossen worden sind ...Heut bin ich in unserm famosen Bierkeller am Rhein gesessen, und während all das Volk kegelte und trank, hab' ich in Rhein hinuntergeschaut und aus den Wellen hat der alte Traum von 1848 heraufgeklungen und ich hab' an meine liebe mütterliche Freundin gedacht, die Frau Etatsrat Esmarch in Schleswig, die jetzt auch wohl samt ihrem blonden Töchterlein Mimi von Haus und Herd fort muß –.« Im vierten Stück des »Trompeter«, »Jung Werners Rheinfahrt«, findet sich in den Trostworten, mit denen der Genius des Rheins Wernern tröstet, ein Nachklang dieser Stimmung: »Und ich kenn Euch, deutsche Träumer...Und des deutschen Volks Geschichte, Sturm und Drang und bittres Ende Steht in meinem Lauf geschrieben.« Mit der Familie des Schleswiger Patrioten *Esmarch*, der 1848 Abgeordneter in der Paulskirche war, war Scheffel in Frankfurt näher befreundet worden. »Die unbefangene Weiblichkeit der Tochter Mimi,« schrieb er an Eggers, »der ich, gerade weil sie Braut ist, mich harmlos und heiter nähern konnte, hat mir einen tiefen und früher ungekannten Eindruck gemacht.« Jetzt wurde sie Frau Hauptmann v. Wartenberg in Berlin.

Einen Monat später, nach dem unglücklichen Ausgang der Schlacht bei Idstedt, schrieb Scheffel an den Etatsrat Heinrich Karl Esmarch selber: »Wenn ein guter Wille und ein heiliger Zorn über unser deutsches Elend hinreichen, um mich armen Schreiber an den Platz hinzustellen, wo jetzt Jeder hingehört, der noch Herz und Ehr im Leibe hat, so stünde ich längst als Wehrmann bei einem ihrer tapferen Bataillone und hörte die dänischen Kugeln pfeifen. Verhältnisse, Umstände, Rücksichten, und wie all die nichtigen Motive heißen, die den edlen Trieb im Menschen abtöten, wollen es anders, und so bleibt mir nur der miserable, leider Gottes echt deutsche Trost, Ihnen, teurer Herr, mit der Feder meine Teilnahme auszudrücken…Und wenn's unser Geschick nicht ist, daß wir als altersschwaches Kulturvolk uns zu Grabe legen sollen, und wenn unser Deutschland durch eiserne Tat mal wieder jung geworden ist, dann wird sich's noch dankbar an seine besten Söhne in Schleswig-Holstein erinnern und wird zu den Kämpfern von Idstedt sagen: Ihr seid die einzigen, die's verstanden und mir den Weg zur Gesundheit zeigten.«

Ein großer Teil seiner Tätigkeit als »Amtspraktikant« war aber auch ein wahrer Hohn auf die »Märzerrungenschaften« und die deutsche Reichsverfassung, die er vor Jahresfrist so hoffnungsfroh jubelnd begrüßt hatte. Die Trennung der Verwaltung von der Justiz, diese alte Forderung des deutschen Liberalismus, hatte wohl die Frankfurter Nationalversammlung zum deutschen Grundrecht erhoben und Scheffel selbst war auf die Reichsverfassung beeidigt worden. Aber die Reaktion hatte die so schwer errungene Reichsverfassung samt den Grundrechten vernichtet. In Säckingen herrschte seit Unterdrückung der badischen Revolution das Kriegsrecht, und bis in den Herbst 1850 stand hier das 4. preußische Jägerbataillon als Okkupationstruppe. Mit Strenge wachte der preußische Stationskommandant darüber, daß die verschärften Ordnungsgesetze von der Bevölkerung auch gehörig befolgt wurden, und wenn das auch nicht hinderte, daß zwischen einzelnen der Offiziere, zumal dem Bataillonsarzt Dr. Korff, einem gemütlichen Westfalen, und dem im »Knopf« verkehrenden badischen Beamten ein angenehmer Verkehr bestand, so hatten gerade die Herren vom Kriminal- und Polizeidienst, Dr. Scheffel, der Aktuar *Steinmann* und der Untersuchungsrichter *Göring*, letztere beiden gleich ihm lebenslustige, für Humor empfängliche Naturen, infolge der Zumutungen des Stationskommandos viel Ärger und unnütze Arbeit. War man doch im Jahre vorher in Säckingen den flüchtigen Insurgenten, die hier Unterschlupf und Entkommen gesucht hatten, vielfach hilfreich gewesen, und noch waren über diese Fluchtbegünstigungen Untersuchungen im Gange. Der Polizei lag es aber auch ob, mit Eifer darüber zu wachen, daß kein politisch Anrüchiger aus der Schweiz sich über die Säckinger Brücke ins Land zurückstehle.

In jener Epistel von der Poesie und Polizei hatte Scheffel über den Eifer des preußischen Stationskommandanten noch scherzen können. Auch sein vermutlich im Beginn der Ferien nach einer Besteigung der Scesaplana gedichtetes Wanderlied mit dem Refrain: »Naus aus dem Haus! Naus aus der Stadt! Naus aus dem Staat! Nix wie naus!« atmet auftrutzenden Humor. Als aber im Frühjahr 1851, längst nach dem Abzug der preußischen Okkupationstruppe, ein Übergriff des badischen Platzkommandanten, Hauptmann Schwarz, ihn persönlich traf, da entlud sich der in ihm aufgespeicherte Groll in aller Schärfe, und es wäre zwischen ihm und jenem Hauptmann zum Duell gekommen, wenn die oberen Behörden es nicht verhindert hätten. Während sich Scheffel bereits am Schweizer Ufer im Pistolenschießen übte – er hatte den Fürsprech Heim zum Sekundanten gewählt –, wurde der ganze Vorgang amtlich an das Ministerium des Innern und an das Kriegsministerium sowie an Scheffels Vater gemeldet. Hauptmann Schwarz mußte erklären, er habe keine Ehrenkränkung des Doktor Scheffel beabsichtigt, dieser aber erhielt einen Verweis wegen Widersetzlichkeit gegen den militärischen Befehl. Und was war die Veranlassung des Konfliktes? Scheffel und einige seiner Freunde hatten sich in einem Zimmer des Lesevereins im »Goldenen Knopf« ein wenig über die Polizeistunde hinaus mit lustigem Singsang unterhalten. Vielleicht waren es ein paar der humoristischen Lieder, wie er sie in Heidelberg für den »Engeren« gedichtet hatte, welche das Ohr des rigorosen Hauptmanns so empfindlich verletzt hatten. Und der Poesie Scheffels ist glücklicherweise auch die Verstimmung zugute gekommen, die ihn nach jenem Konflikt befiel. Am »11. Mayen 1851« ist jene letzte (7.) seiner Säckinger Episteln, und zwar an sein »lieb und frumm Schwesterlein Maria« verfaßt worden, die in altväterischem Märchenton von seinem Besuch der Erdmännleinshöhle bei Hasel erzählt und uns erkennen läßt, wie Scheffel zur Erfindung des »Stillen Mannes« im »Trompeter« gelangt ist. Da berichtet er von einer Tropfsteinbildung, die beim Kienspanschein einem alten

Kriegsmann glich, »so sich auf sein Schwert stützete und das Haupt zum ewigen Schlaf an den Felsen neigete«, und weiter erzählt er, das von ihm durch eine Frage unabsichtlich gekränkte Erdmännlein habe ihm gedroht, ihn in eine Tropfsteinsäule zu verwandeln.

Ein Teil der Lieder des »Stillen Mannes« ist sicher noch in Säckingen entstanden. Man findet in ihnen den Niederschlag jener melancholischen Resignation des an der Gegenwart verzweifelnden früheren Freiheitsschwärmers. »Die Blicke scharf wie der junge Aar, Das Herz von Hoffnung umflogen, So bin ich dereinst mit reisiger Schar In den Kampf der Geister gezogen...« Auch die kirchliche Reaktion, die sich in Säckingen recht bemerkbar machte, bedrückte ihn. Auf Ausflügen geriet er mit jüngeren Hetzkaplänen in Streit, so gemütlich er sich mit den ältern Dorfgeistlichen aus Wessenbergs Schule zu stellen wußte. Die ganze Gestalt des dem Leben entflohenen, versteinerten Träumers in der Haselmannshöhle ist eine allegorische Personifikation der Weltflucht des Dichters, die sich am 21. Juli 1851, kurz nach dem Tode seiner inniggeliebten Großmutter Krederer in einem Brief an Schwanitz dahin aussprach: »Mein äußeres Leben ist seit langen Monaten so monoton, daß es keinen Stoff zum Schreiben abgibt, und die verschiedenen Disharmonien tief im Herzen, die von anno 1848 her datieren, mag ich nicht auf dem Papier auskramen ...Ich habe mich an die alte Mutter Natur zurückgewendet und pflege im Tannenwald und auf den Bergeshöhen einen still innerlichen Kultus.« Dazu stimmt völlig, was der Stille Mann von der Zauberkraft des Waldes singt und der Wunderquelle, die dort dem Schoß der Erde frisch und hell entströmt. Es ist sehr wahrscheinlich, daß Scheffel, der damals auch vermutlich das einfach innige Gedicht »Im Schwarzwald« (s. »Nachgelassene Dichtungen«) verfaßte, ursprünglich eine Gedichtsammlung plante, die den Titel »Lieder des stillen Mannes« erhalten sollte; der Plan wurde dann verdrängt durch den neuen, die Geschichte des Werner Kirchhofer zum Gegenstand einer Dichtung zu machen, wobei er zunächst, so scheint es, an eine Erzählung dachte.

Wie uns der Dichter selbst in den schönen, aufschlußreichen Widmungsgedichten zur ersten und vierten Auflage des »Trompeter von Säckingen« erzählt hat, ist ihm die erste Anregung zu dem Epos durch das Grabmal gegeben worden, das damals noch einen hervorragenden Schmuck des Säckinger Friedhofs bildete und dessen lateinische Grabschrift dem Sinne nach lautet: »Ewige Ruhe für die Seele, wie es sie im Leben auch für den Leib erstrebte, fand durch einen sehr glücklichen sanften Tod das an gegenseitiger Liebe unvergleichliche Ehepaar: Herr Franz Werner Kirchhofer und Frau Maria Ursula von Schönau, jener am letzten Mai 1690, diese am 21. März 1691. Mögen sie in Gott leben.«

An dieses Grabmal, dessen Platte neuerdings der Außenwand der Säckinger Stiftskirche eingefügt worden ist, knüpfte sich eine damals schon halb verschollene Überlieferung. Jener Werner Kirchhofer war nach dieser Sage ein geborener Säckinger Bürgerssohn, der als begabter Musiker Mitglied der Musikkapelle des Großmeyers vom Säckinger Frauenstift, des Freiherrn von Schönau, war. Als dieser erfuhr, daß sich zwischen dem kecken Musiker und seinem Töchterlein ein Liebesverhältnis angesponnen hatte, entließ er denselben aus seinem Dienst, während er die Tochter als Hoffräulein nach Wien zu bringen beschloß. Vor dem Aufbruch ließ Maria jedoch den Geliebten dies Vorhaben wissen. Bald nach ihr schied auch Werner von Säckingen, um im Wandern Trost für der Liebe Leid zu suchen. Da er mit Glücksgütern nicht gesegnet war, schloß er sich einer Musikbande an und veranstaltete es, daß diese sich zur Kaiserstadt an der Donau wandte. Hier erregte er als Musiker Aufsehen. Er fand Gönner, die sein Talent weiter ausbilden ließen, und ward Hof- und Domkapellmeister. So kam es zum Wiedersehen auf ganz ähnliche Weise, wie es Scheffel im »Trompeter« geschildert hat, nur daß der Stephansdom in Wien statt des Petersdomes zu Rom die Stätte des Wiedersehens war und nicht der Papst, sondern der Kaiser, zum Fürsprecher für die Liebe des jungen Paares beim alten Freiherrn wurde.

Diese Sage war, als Scheffel nach Säckingen kam, nur noch bei wenigen in Erinnerung. Aber gerade der Bürgermeister Leo, der von den Honoratioren des Städtchens dem geist- und gemütvollen Rechtspraktikanten aus Karlsruhe besonders nahetrat, war mit der Überlieferung vertraut. Seine Mutter war Kammerdienerin der letzten Fürstäbtissin gewesen. Scheffel, der anfangs bei den Eltern des Bürgermeisters Leo am Markt gewohnt hatte, aber dann in den altertümlichen

Kommenderhof an der Rheinbrücke zum Färber Hermann Leo gezogen war, konnte von diesem Näheres über die Sage erfahren. Wie P. A. Streicher nachgewiesen hat, ließ sich auch aus den Akten der Stiftsschaffnei ersehen, daß der historische Kirchhofer, ein »Symphoniacus«, von 1686-1690 Dirigent des Säckinger Domchors gewesen ist. Nun studierte Scheffel auch die Werke über die Geschichte des Stifts und der Stadt Säckingen, Balthers **Vita S. Fridolini** in Mones Quellensammlung zur badischen Geschichte, vielleicht auch die nur handschriftlich vorhandene, erst 1852 gedruckt erschienene Geschichte des Frauenstifts von Van der Meer und was in Baders »Badenia« zu finden war. So kam er auch zur eingehenderen Beschäftigung mit den merkwürdigen Rebellionen der Hauensteiner »Wälder«, von deren rotwamsiger Tracht und naiv kräftiger, dreinschlagfroher Eigenart er schon in der Epistel über die Poesie und Polizei mit besonderem Behagen geschrieben hatte, denn ihre Streitsucht brachte nicht wenige Wälder als Angeklagte, Zeugen und Kläger nach Säckingen aufs Amt. In jener Epistel hat er auch schon der »Salpeterer« gedacht, der Anhänger eines seit 1725 bestehenden politischen Geheimbunds unter den, nach ihren faltigen Pumphosen auch »Hotzen« genannten, zäh am Althergebrachten hängenden Hauensteiner Waldbauern. Die Rechtsanschauungen dieser Geheimbündler gingen auf die Traditionen der reichsunmittelbaren Grafschaft Hauenstein und der den »Wäldern« vom Grafen Hans von Hauenstein bestätigten freien Gemeindeverfassung zurück, die auch ein kaiserlicher Waldvogt bestätigt hatte; sie erkannten die badische Staatsgewalt, Amt und Pfarrer, nicht an und hatten dafür unter strengen Strafordnungen zu leiden.

Im März 1851 hatte Scheffel noch die »Ziviljustiz für den hinteren Wald« zugeteilt bekommen. In einigen ärmlichen Dörfern bei *Herrischried* war Hungersnot ausgebrochen. Mehrere hundert Personen waren vom Säckinger Amt auf Staatskosten zur Auswanderung nach Amerika auszurüsten. Josephs Mutter schrieb darüber an Schwanitz, der im Jahre vorher in Karlsruhe und in Säckingen zu Besuch gewesen war, bald nach Josephs Konflikt mit dem Stationskommandanten Schwarz: »Joseph ist in wehmütiger Stimmung nach Rickenbach hinauf auf den Wald, um nun dort in diesen Tagen den Auswanderern fortzuhelfen. Der Pfarrer hat eine Suppenanstalt im Hause, und da holen sie ihre Suppe in Kübeln. Dort, wo Hunger und Elend hausen, amtet jetzt Ihr Freund mit seinem weichen, mitleidigen Herzen! Doch ich will Ihnen nicht auch das Herz schwer machen. Wir könnten durch diese Auswanderung auch noch auf die deutschen Zustände geraten – und das wäre vollends zum Verzweifeln!«

Beim Pfarrer *Riesterer* in *Rickenbach* hat unser Dichter die gastlichste Aufnahme gefunden. Das war ein gar jovialer alter Herr, ebenso bewandert in der Geschichte des Hauensteiner Landes wie in den alten Klassikern und in seinem Hebel, bei aller ländlichen Schlichtheit beseelt von edlen humanen Gesinnungen. Das Loblied, das Scheffel später im »Trompeter« zu Ehren des »Pfarrherrn auf dem Lande« angestimmt hat, war der Dank für so manche behagliche Stunde, die er in dem Pfarrhaus zu Rickenbach wie auch in dem von Herrischried verlebt hatte. Im Rickenbacher Pfarrhaus bekam er aber auch die wichtigsten Quellen zur Geschichte der Salpetererkriege zu lesen, nicht nur die gedruckten, sondern auch Handschriftliches in alten Pfarrbüchern. Diese Studien weckten in Scheffel die Lust, in einem geschichtlichen Kulturbild »nach dem Vorbild W. H. *Riehl's*«, dessen den Zusammenhang zwischen Volkstum und Landesart nachweisende, deutsche Wanderstudien damals in der Beilage der Augsburger »Allgemeinen Zeitung« Aufsehen erregten, die Geschichte und Art des Hauensteiner Volkstums auf Grund seiner »auf dem Wald« und in der Säckinger Amtsstube gemachten Erfahrungen darzustellen. Nach der Heimkehr fand er im Elternhaus Muße zur Ausarbeitung des farbenfrischen, bisweilen auch von feuchtfröhlichem Humor durchblitzten Aufsatzes » *Aus dem Hauensteiner Schwarzwald*«, der die Ahnenheimat am Oberrhein feiert, auf Hebel und Wessenberg Bezug nimmt und auch des Malers Kirner in Liebe gedenkt (s. Bd. 3 »Reisebilder«).

Scheffel, der von Säckingen aus auch die *Küssachburg*, auf der einst sein Ahne Balthasar Krederer Schloßhauptmann war, wiederholt besucht hat, erkannte in den »reinen Alemannen« auf dem Hotzenwald ein noch nicht untergegangenes Stück altdeutschen Volkstums. Jener Aufsatz ist nicht nur die literarische Vorstufe für den »Hauensteiner Rummel« im »Trompeter«, sondern auch für das ethnographische Element im »Ekkehard«. Nach den Modellen der rauhbeinigten, hartstirnigen, und doch im Grunde gutmütigen Kernmenschen auf dem Wald, die ja durchaus nicht alle nach dem Grundsatz des »füürigen Alexander« im Einödgasthaus »zum dürren Ast« bei Hogschür »G'soffe muß doch sy« oder dem des »Streitpeterle« in Hogschür »'s muß usprobyrt sy« lebten, hat der Dichter drei Jahre später die derbsten seiner Mönche im »Ekkehard«, wie den jagdfreudigen Pförtner Romeias, aber auch die reckenhaften alemannischen Landleute, die im 15. Kapitel den siegreichen Überfall des Hunnenlagers im Frikktal unter dem alten Irminger vollführen, gestaltet. In jenem Aufsatz sind auch die Salpetererkriege ausführlich besprochen. Mit großer Freiheit hat sich Scheffel im »Trompeter« des Hauptführers im letzten dieser gegen die Abtei St. Blasien gerichteten Rebellionen des Hans Fridolin Gersbach von Bergalingen im »Bergalinger Fridli« bemächtigt. Er versetzte die Figur in den sogenannten »Rappenkrieg«, den die Hauensteiner im 17. Jahrhundert wegen einer vom Sankt Blasischen Waldpropst ausgeschriebenen Weinsteuer führten und damit ungefähr in die gleiche Zeit, die durch die Grabschrift auf dem Denkstein des Kirchhoferschen Ehepaars für die Handlung des »Trompeter« gegeben war. Es kam Scheffel, als die Dichtung in Fluß geriet, allein darauf an, das dramatische Element eines der »Hauensteiner Rummel« in Gegensatz zu der Liebesidylle zu bringen und den Charakter des Spielmanns Werner mit einem heroischen Zug auszustatten. Im Kampf mit den den Schönauer Hof stürmenden Revoluzzern wird Jung Werner zum wunden Mann, den das Freifräulein Margaretha von Schönau (dieser Vorname paßte besser in das Versmaß der Trochäen als Maria) pflegen und heilen darf. Bei der Erfindung dieses Zugs wird Scheffel an seine eigenen Waffentaten bei der Verteidigung des Karlsruher Zeughauses im Mai 1849 gedacht haben, wie sich ihm manch ein Oberländer Volksaufwiegler jener Zeit als lebendes Modell für den Bergalinger Fridli auch darbot.

Noch ehe er die poetische Ausgestaltung der Sage vom Säckinger Trompeter vornahm, hatte er einen anderen Kampf, von seelischer Art, zu bestehen. Als er am 1. September 1851 Säckingen verließ, stand in ihm der Entschluß fest, sich sobald als möglich der Beamtenlaufbahn ganz zu entschlagen. Das war nur möglich unter dem Widerstande der Eltern. Seine Episteln aus Säckingen hatten bei diesen wie bei den Freunden des Hauses wegen ihres Humors freilich viel Beifall gefunden; schon war ihm manches Lied gelungen, das in frohgestimmtem Zecherkreise sich als zündend erwiesen; er hatte den Kopf voll von poetischen Plänen und Entwürfen. Andrerseits war er noch immer des Glaubens, daß er zum Maler berufen sei. Auch nach Säckingen hatten ihn Zeichenmappe und Farbenkasten begleitet. In Breitners Scheffelmuseum zu Mattsee befinden sich größere Zeichnungen Scheffels aus dem Jahr 1850, die den Bergsee bei Säckingen, die alte Holzbrücke bei Rheinfelden, das Harpolinger Schloß darstellen. Mit besonderer Liebe ist eine gleichfalls erhaltene Zeichnung vom Wieladinger »Strahlbrusch« ausgeführt, dem düster umklüfteten Wasserfall, den ein bei Rickenbach entspringender, unfern der Harpolinger Schloßruine in die Murg sich ergießender Bergbach bildet. Hier ließ der Dichter später im »Ekkehard«, Kap. 15, die tapfere Hadumoth auf ihrer kühnen Wanderung ins Hunnenlager kurze Rast halten. Auch den Schönauer Hof, das »Herrenschlößlein«, hat Scheffel vor seinem Weggang von Säckingen gezeichnet.

Zunächst machte er im September mit Ludwig *Häusser* eine dritte Ferienreise nach *Graubünden* und ins *Engadin*. Auch im Sommer 1850 war er mit diesem »engeren« Freunde, der ihm an Jahren und an Welterfahrung weit voraus war, in die Alpenreviere gezogen, welche die Quellgewässer des Rheins durchrauschen. Zum Dichter des *Oberrheins* zu werden, war wohl schon sein Sehnen. Häusser, dem Scheffel in der freien Luft der rhätischen Alpen seine Kümmernisse und Zweifel anvertraute, schätzte jedoch an dem jungen Freund neben dem Humor und dem treuherzig frischen Naturell vornehmlich den Sinn für sein eigenes Fach, die Erforschung der deutschen *Geschichte*. Er interessierte sich lebhaft für Josephs Hauensteiner Eindrücke und Studien, deren Resultate sich vielfach mit den Ergebnissen neuerer Forschung über die Geschichte Graubündens berührten. Schon im Jahre vorher hatte Scheffel dem »Engeren« eine humoristische Epistel über die mit Häusser ausgeführte Besteigung des Sankt Gotthard unter Entfaltung originellen Reisehumors geschrieben (s. Bd. 4). Jetzt ward zwischen beiden verabredet, das zwischen den Quellen des Rheins und den Gletschern des Bernina gemeinsam Erlebte für die Beilage der

Augsburger » *Allgemeinen Zeitung*« zu schildern, Scheffel übernahm die Touren von Dissentis nach Chur, über den Albula ins Engadin und von Samaden zum Roseggiogletscher. Häusser und er arbeiteten, aus reichen, schon vor der Reise gesammelten Kenntnissen über die herrliche, bis dahin noch wenig geschilderte rhätische Alpennatur schöpfend, mit journalistischer Schnelligkeit. Anregend wirkte auf sie auch das Vorbild des Münchners Ludwig *Steub*, der in seinem 1845 zuerst erschienenen Buche »Drei Sommer in Tirol« für eine poetisch-stimmungsvolle Darstellung wissenschaftlicher Reisebeobachtungen in den Alpen ein Muster aufgestellt hatte. Auch über die »Urbewohner Rhätiens« gab es von Steub ein Buch, und Scheffel nahm das Thema, noch erfüllt von seinem Studium der echten Alemannen auf dem Wald in seiner frischen, humoristisch sich gebenden und doch im Forschen gründlichen Weise auf. Die Rückreise ging über Salzburg und München, wo Steub, gleich ihm ein dichtender Jurist, besucht ward, und dann über Augsburg heim.

Mit den Briefen » *Aus den rhätischen Alpen*« (s. Bd. 3, Reisebilder), welche den deutschen Alpenfreunden zum erstenmal in so eingehender Besprechung die Alpenherrlichkeit des Engadin empfahlen, trat Scheffel unter die Pioniere, die damals der erst im Aufschwung begriffenen Freude am Besuch der Alpen in der Literatur zum Ausdruck verhalfen und über die er sich bald genug als sprachgewaltigster Verherrlicher der Alpennatur hoch erheben sollte. Die Briefe erschienen in den Nummern vom 10. bis zum 25. Oktober 1851 der genannten Zeitung. »Josephs Feder werden Sie an seinem Humor erkennen,« schrieb seine Mutter, hochbefriedigt von diesem Debüt, an Schwanitz. Gleich im ersten der Briefe schuf die wachsende Gestaltungskraft dieses Humors in der Figur des Kutschers Joseph Anthony von Trons ein Meisterstück. Der komische Grundgedanke des Lieds »Der letzte Postillon« (s. Bd. 6, Gaudeamus) ist hier angeklungen.

Scheffel hatte nach dem Tode der innig betrauerten Großmutter Krederer seinen Eltern versprochen, eine Weile ohne Amt bei ihnen in Karlsruhe zu leben – es gab mancherlei für den rechtskundigen Sohn zu helfen –, und nun arbeitete er auch den Aufsatz »Aus dem Hauensteiner Schwarzwald« aus. Das Erscheinen dieser Arbeit verzögerte sich indes; im Frühjahr 1853 erschien sie in Cottas » *Morgenblatt* für die gebildeten Stände«. Als er jetzt in Heidelberg im »Engeren« das Ganze vorlas, neckten ihn die Freunde als den »Fahrenden Schüler Josephus vom dürren Ast« nach dem Einödwirtshaus »zum dürren Ast« bei Hogschür, von dessen Betrieb der Aufsatz eine drollige Beschreibung enthält. Am Schluß der Widmung des »Trompeter« ist auf den Namen Bezug genommen. Jene Zeit des Ausruhens und Schriftstellerns im Elternhaus benutzte er aber auch, um mit Schwester und Mutter über seine geheimen Wünsche zu sprechen. Marie hatte jetzt Malstunden beim Meister Frommel und war voll Anerkennung der Fortschritte ihres geliebten Bruders im Zeichnen. Dieser schrieb damals an Eggers, die Zerrissenheit seiner geistigen Interessen beklagend, »mein bester Kern ist immer noch der Zug zur Kunst, den werde ich diesen Winter pflegen und bei Lindemann-Frommel, dessen Skizzen aus Rom Du oder vielmehr Kugler in dem »Kunstblatt« neulich günstig rezensiert habt, in die Lehre gehen.« Auch dem Vater ward zugesetzt, und der widerstrebende Herr Major bewilligte schließlich Josephs Bitte, ihn die größere italienische Reise, die ihm schon längst zugesagt war und für die ein Legat der verstorbenen Großmutter die Mittel bereitgestellt hatte, jetzt antreten zu lassen. Diese Reise, das war Josephs Entschluß, sollte seinen Beruf zur Kunst auf die Probe stellen. Schon war alles für einen »Winter in Rom« vorbereitet, da zwang die kriegerische Lage, in die ganz Europa durch den Staatsstreich *Louis Napoleons* versetzt ward, zum Aufschub.

Joseph bewarb sich um den freigewordenen Posten eines Sekretärs am mittelrheinischen Hofgericht in *Bruchsal*; der Präsident desselben, der frühere Märzminister Bekk, war den Eltern befreundet. Die Bewerbung fand sofortige Annahme. Kaum aber hatte er sich in Bruchsal und sein neues Amt etwas eingelebt, da überkam ihn die Reue, und als der Frühling seinen Lockruf ertönen ließ, wurde der Ärger über die versäumte Reise ihm zur unerträglichen Qual. Die Nachricht, daß der »lange Braun« jetzt auch in Rom sei, von seiner großen Forschungsreise durch Ägypten und Griechenland zurückgekehrt, steigerte noch seine Sehnsucht. Wohl fand er in dem literarischen Kränzchen des Hofgerichtsrats *Preuschen*, seines Kollegen als Mitarbeiter der »Fliegenden Blätter«, Aufnahme; aber der einzige bleibende Gewinn aus diesem Verkehr ist wohl nur die Idee zum Kater »*Hiddigeigei*« gewesen. Hiddigeigei hieß der höchst intelligente Kater des Hofgerichtsrats, und Scheffel, von klein auf an den Verkehr mit den wohlerzogenen Angorakatzen seiner Großmama Krederer gewöhnt, hatte seine Freude an dem klugen Tiere, und wenn ihn jetzt die Stimmung überkam, ans Gestalten der von ihm geplanten Dichtung vom Säkkinger Trompeter zu denken, sann er auch der Möglichkeit nach, den philosophischen Kater in das Schloßidyll des Freiherrn von Schönau zu versetzen. Der Zwerg Perkeo meldete sich auch und bat um Berücksichtigung. Durch öfteres Hinüberfahren nach Heidelberg zu den Sitzungen des »Engeren« entschädigte sich Scheffel für das, was ihn Bruchsal entbehren ließ. Die Anhänglichkeit an die »fröhlichen Gesellen« in Heidelberg, die Häusser, Schmezer, Ludwig Knapp, die, »von Weisheit schwer und Wein«, ihn um seines Humors willen liebten, gab ihm den Schluß des wundersam innigen Lieds »Alt-Heidelberg, du feine« ein:

> »Und stechen mich die Dornen,
> Und wird mir's drauß zu kahl,
> Geb ich dem Roß die Spornen
> Und reit' ins Neckartal.«

Ludwig *Knapp*, auch ein Dichter und Jurist dazu, der 1848 als hessischer Akzessist in Darmstadt den Dienst quittiert hatte und jetzt in Heidelberg als Privatdozent der Rechtsphilosophie an einem Werk über diese Wissenschaft schrieb, hat durch seine Sarkasmen über die bestehende Rechtspflege nicht wenig dazu beigetragen, dem jungen Freund den Justizdienst noch mehr zu verleiden. Jene Sarkasmen fanden in Jung Werners Ergüssen über das römische Recht einen Nachklang. Es fehlt auch sonst nicht an Spuren, daß Scheffel schon in Bruchsal die epische Form für die Dichtung ins Auge faßte. Er hörte viel reden von den großen Erfolgen, die Oskar *v. Redwitz* und Otto *Roquette* in den letzten Jahren mit ihren romantischen Epen gefunden hatten; »Amaranth« spielte teils in Italien, teils im Schwarzwald, Roquette ließ in »Waldmeisters Brautfahrt« Blumengeister und Heidelberger Studenten den Rheingau durchziehen, beiden Dichtungen fehlte es an Lokalkolorit und kräftiger Menschendarstellung; nun reizte es ihn, in seiner Dichtung vom Oberrhein bei gleichen poetischen Formen, unter Inanspruchnahme der romantischen Allegorie, gerade das zur Geltung zu bringen, was er in jenen Dichtungen, dem ihm sympathischen Waldmeistermärchen und der ihm unsympathischen »Amaranth« vermißte.

Im »Trompeter von Säkkingen« findet sich das Lied auf Alt Heidelberg dem Spielmann Werner auf die Lippen gelegt, der auf der Fahrt von der Neckarstadt, wo er studiert hat, beim Schwarzwälder Pfarrherrn eingekehrt ist. Wenn Scheffel in dem Lied das geliebte Heidelberg mit einer Braut vergleicht – »Es klingt wie junges Lieben Dein Name mir so traut« –, so war dies aber nicht nur in dem Zurückdenken an *Julie v. Schlichtegroll*, sondern auch darin begründet, daß jetzt eine junge Liebe ihm wiederum mit frischer Hoffnung das Herz bewegte.

In Säckingen, als er die Grabschrift von Werner Kirchhofer und der Maria von Schönau las, war sein Herz noch frei. Er wird dabei wehmütig an jene nun bereits verheiratete »Giulietta« gedacht haben. Als er auf der letzten Heimreise aus dem Engadin durch München kam, wo er seinen Freund August Eisenhart wieder sah, da ging ihm, wie er diesem dann schrieb, das Lenausche Lied »Weinend muß mein Blick sich senken« immer durch den Sinn und der Gedanke, daß ein anderes Mädchen seines Münchener Tanzstundenkreises, *Elise v. Moy*, ins Kloster gegangen sei, erfüllte ihn auch mit schmerzlicher Wehmut. (Vgl. Louise von Kobell-Eisenhart in: »I. V. v. Scheffel und seine Familie«, 1901.) Was er für *Mimi Esmarch* empfunden haben kann, ist oben angedeutet. Das Gedenken an eins dieser Mädchen mag ihm beim ersten Gestalten des Ideals für Werners Margareta geholfen haben; für die poetische Beseelung einer Liebe, wie sie das »an Liebe unvergleichliche Paar« beglückt haben mußte, reichte diese platonische Gefühlswelt kaum aus. In Karlsruhe aber hatte sich inzwischen seiner eine leidenschaftlichere Liebe bemächtigt.

Es war die jüngere der Zeller Cousinen, *Emma Heim*, die, in schlanker Anmut frisch herangeblüht, aus dem Pensionat des protestantischen Pfarrers Pauli zu Kettenheim bei Alzey heimkehrend, beim Onkel Major in Karlsruhe zu Besuch erschien, an die er sein Herz verlor. Der plötzliche, unerwartete Anblick des schönen sechzehnjährigen Mädchens, dessen dunkle Augen unter den braunen Flechten warm aufleuchteten, wirkte so bezaubernd auf Joseph, daß er jählings erlebte, was seine Dichtung von Jung Werner berichtet, als er die holde Margareta am Fridolinstag in der Prozession gewahr wird. Daß die bezaubernde Wirkung, die Emma in Karlsruhe auf den Vetter ausgeübt hatte, ihr nicht unklar blieb, dafür sorgten seine Huldigungen in jener Woche des Zusammenseins bei Spaziergängen, Theaterbesuchen u. s. w. Noch vor seiner Übersiedelung nach Bruchsal, vier Wochen nach Emmas Vorsprechen in Karlsruhe bei Scheffels, erschien Joseph zwischen den Schwarzwaldbergen in *Zell*. Es war keine große oder ihm ungewohnte Reise. Schon manchen Ferientag hatte er in dem waldumhegten Städtlein und im dortigen Apothekerhaus bei Heims verbracht. Was der junge Dichter bei diesem Besuche in Zell und dessen Umgebung mit Emma erlebt und seinerseits hinzugeträumt hat, das spiegelt in märchenduftiger Anmut eine Meister Schwinds zarte Weise etwas unbeholfen nachahmende Zeichnung, die er dem Bäsle bald danach als Vielliebchen mit der Unterschrift » **J'y pense**« sandte. Zwei Hirtenkinder sind auf einem Bergabhang gelagert; das Mädchen, auf einem Stein sitzend, mit einem Kranz im Haar, sticht einen zweiten; ihr zu Füßen im Gras schaut treuherzig und erwartungsvoll der Bub zu ihr auf, und hinter diesen reckt aus der Tiefe kampflustig ein Ziegenbock das Gehörn empor – dieser Bock sollte den hessischen Rechtspraktikanten Pauli, den Sohn des Pfarrers von Kettenheim, vorstellen, seinen Rivalen, von dessen Existenz er in Zell erfahren hatte. Mit dem Bilde erkor er sich die geliebte Base zur Schutzpatronin für die ersehnte Laufbahn als Künstler. (Vgl. die Briefe in E. Boerschels sonst viel Falsches enthaltendem Buch »I. V. v. Scheffel und Emma Heim.« 1905.)

Es scheint aber, daß die Sechzehnjährige die Symbolik des Bildes nicht verstanden hat, wie sie auch nicht imstande war, das humoristische Versteckspiel ihres Vetters mit seinem Gefühl verständnisvoll zu durchschauen. Die in Scheffel damals bereits zur Entwicklung gelangte Melancholie machte ihn vorsichtig in der Äußerung seines Empfindens für Emma. Selbst in der köstlichen Epistel vom 14. Februar des nächsten Jahres aus Bruchsal, »Wie der Vetter Joseph einen rechtsgelehrten hofgerichtlichen Vortrag anfertigen wollte und wie daraus schließlich dieser Brief an seine Cousine Emma geworden ist«, findet sich ein Zwiespalt des Empfindens. Denn die Mitteilung, er habe beim Gedenken an sie immer wieder Geibels »Spielmanns Lied« vor sich hin gepfiffen – singen könne er nicht, sonst hätt' er's wahrscheinlich gesungen, enthielt außer dem Bekenntnis seiner Liebe ja auch das Geständnis seiner Sehnsucht ins Weite, um selbst als Spielmann in die Welt zu ziehen. Ein Wiedersehen, durch Emmas Erscheinen in Bruchsal herbeigeführt, das von Scheffel konventionellen Gesellschaftston forderte, endete für beide mit einer ernstlichen Verstimmung. Ohne von ihr in Zell Abschied zu nehmen, reiste er am 23. Mai nach Süden. Er *mußte* fort! Der Boden brannte ihm unter den Füßen! Er wanderte über den Gemmi, den Simplon, zum Comer See, da und dort ein jauchzend Wanderlied anstimmend oder sich niederlassend zum Zeichnen. »Mag lauern und trauern Wer will hinter Mauern – Ich fahr in die Welt!« Es drängte ihn, wie er an Schwanitz schrieb, »auf italischem Boden einen Schluck Lethe zu trinken, in dem alle Erinnerungen seit 1848 ausgetilgt würden.« »Lethe,« Vergessenheit, hat er auch in Bezug auf seine Liebe zu Emma in Italien gesucht, und vom Mai bis in den November hinein sich den neuen großen Eindrücken, dem Genuß der Kunstschätze von *Florenz* und *Rom*, und dann in den *Albaner* und *Sabiner Bergen* dem ernsten Studium und frohen Künstlertreiben als Schüler des Landschaftsmalers *Willers*, als guter Kamerad von Wilhelm Klose, Eduard Engerth, Otto Donner, Cäsar Metz, Julius Zielcke, Varoni und anderen jüngeren Künstlern so hingegeben, daß das Vergessen ihm auch gelang. Sein von Schönheitsfreude und Lebenslust glühendes Gedicht *»Abschied von Olevano«* im »Gaudeamus« (s. Bd. 6), seine »römischen Episteln« an den »Engeren« (s. Bd. 4) quellen über von Gegenwartsfreude. Erst als die Söhne des Malers Frommel, die Theologen Emil und Max Frommel mit Grüßen aus Karlsruhe in Olevano eintrafen, als der Winter in Rom manch trüben Tag brachte, als dort Briefe aus der Heimat ihn zur Selbstprüfung mahnten, und der Verkehr mit dem jugendlichen Dichter Paul *Heyse* aus München, dem schwäbischen Archivforscher Wilhelm *Heyd* sein Interesse wieder den Fragen des poetischen Schaffens zuwandte, da vollzog sich in seinem Geiste der Prozeß, den die Zueignung des Trompeters so reizvoll geschildert hat... »Da stieg wie ein Traum der Schwarzwald Vor mir auf und die Geschichte Von dem jungen Spielmann Werner Und der schönen Margareta.« In engeren Verkehr mit Paul Heyse, der damals auch seine für die eigene Laufbahn als Dichter so bedeutsame erste Reise durch Italien machte, hatte ihn die gemeinsame Beziehung zu Eggers gebracht.

Mit dem Malen in Öl, wie überhaupt mit dem Versuche, unter Meister Willers zu studieren, hatte sich Scheffel auf die Dauer nicht befreunden können. Er hat später 8 Blatt seiner besten in Italien gefertigten Zeichnungen photographieren lassen und in einer Mappe unter dem Titel »Landschaftsstudien von I. V. Scheffel, Erinnerungsblätter für Freunde« erscheinen lassen. Sie lassen die fein stilisierende Führung des Stifts erkennen, die ihm unter Willers Leitung zu eigen wurde, ermangeln aber eines persönlichen, an seine poetische kraftvolle Art gemahnenden Zuges. Die Lust, Kräftiges und Zartes in Harmonie zu setzen, aus verblüffenden Kontrasten lichtheitere oder düstere Stimmungsbilder zu erzeugen, hat keinen Anteil an ihnen.

Er hat sich dann in Rom auch kein Atelier gemietet; er bewohnte **Via quattro fontane** in dem Hause, wo Klose und Cäsar Metz ihre Ateliers hatten, ein hübsches sonniges Zimmer nach der Straße. Hier schilderte er für den »Engeren«, wie er es auf der Herreise in Mailand (2. Juni 1852) mit Bezug auf seine Reiseerlebnisse in der Schweiz getan, seine Abenteuer in Florenz, auf der Reise nach Rom, im Albaner und Sabinergebirge (s. Bd. 4), studierte aber auch Gibbons großes Werk vom Zerfall des römischen Weltreichs, las viel im Dante, Tasso und was deutsche Dichter über Italien geschrieben, Goethe, Platen, Waiblinger, Reinick und Kopisch. Oft strich er allein durch die trümmerreiche Campagna. Selbst beim perlenden Orvieto im »Facchino«, in der »Palombella«, im »Ponte Molle« sowie in der heiteren Geselligkeit, welche die Häuslichkeit des Ehepaars *Engerth* darbot, konnte er oft in auffallendes Schweigen verfallen. Die traulichen Eindrücke einer jungen glücklichen Künstlerehe, dann auch die Tatsache, daß sich seine Schwester inzwischen zu seiner Überraschung verlobt hatte, all dies hatte die alten Träume von einem mit Emma Heim zu erobernden gemeinsamen Glück in ihm belebt. Wenn er in der Einsamkeit diesen Träumen nachhing, da überkam ihn die Sehnsucht mit leidenschaftlicher Allgewalt, bis sie ausgeklungen war im Lied. Und wie er jetzt der Phantasiegestalt des Spielmanns Werner die eigenen Charakterzüge verlieh, so legte er ihr auch die Lieder, die das eigene Schwarzwaldlieb besangen, auf die Lippen. Die Dichtung, die beim Abschied von Säckingen nach seinem Ausdruck »im Blei« war, kam in Fluß. Im Spielmann Werner, der in Heidelberg das Corpus juris an den Nagel hängt und auf der Fahrt durch den Schwarzwald nach Säckingen gerät, spiegelte er sein eignes Wanderleben. Nicht nach Wien, gleich sich selber ließ er seinen Helden nach Rom ziehen, und die Vereinigung Werners mit der Geliebten in Rom träumte er sich als Trost für das eigene Liebesleid – ein heiteres Zukunftsbild – zurecht! Die Margareta der Dichtung ließ er denn auch sich grämen und sehnen nach dem »frischen Spielmann«, der »keinen Abschied genommen«, und als ihr Vater sie mit dem Sohn seines alten Kriegskameraden verloben will, schickt sie den unwillkommenen Freier heim.

Seinen letzten Brief aus Bruchsal hatte ihm Emma sehr freundlich beantwortet. Am 3. Dezember schrieb er ihr nun aus Rom: »Rom und Bruchsal sind in vieler Beziehung verschieden; ich glaube sogar, daß ich der einzige Mensch bin, der eine Ähnlichkeit zwischen beiden gefunden hat. Die Ähnlichkeit besteht aber darin, daß man, d. h. dein Vetter Josephus, zu Bruchsal wie zu Rom vielfach, ohne zu wissen warum, ernst und heiter, bitter und süß, gescheiter und dummer Weise an seine Cousine Emma denkt.« In dem an dieses Bekenntnis geknüpften Bericht über seine bisherige Reise verschwieg er nicht, wie er »gemeinsam mit einer deutschen Künstlerin« (das war Amalie Bensinger, die zur Künstlerkolonie in Albano gehörte) manches erlebt und »zu Olevano durch Vermittlung einiger ländlicher Damen« (das waren die Wirtinnen in der urgemütlichen Casa Baldi) den »sonderbaren italienischen Tanz **saltarello**« tanzen gelernt habe.

Auch der zweite Brief, den Emma von dem Vetter aus Rom erhielt, zeigte den Ernst seines Empfindens in humoristischer Verbrämung. Emma hatte ihm die erste Epistel, wie er in diesem Brief bestätigt, »liebenswürdig« beantwortet. Jetzt im Februar 1853 bot er ihr und Ida eine heitere Schilderung des Karnevals, an dem er mit seinen Freunden herzhaft teilgenommen hatte. Am Schluß scherzte er: »Viel tausend Grüße an die Eltern und Ida – den Kuß an des Papsts Pantoffel habe ich in feierlicher Audienz abgegeben; der heilige Vater sprach: ›Gib ihr zwei zurück und ihrer holden Schwester auch zwei, aber nicht auf den Pantoffel, und zittre nicht, mein Sohn.‹ Ich werde trotz meines Unglaubens dem Papste hierin treuen Gehorsam leisten.«

Anfang März reiste er nach Neapel und von hier ging es sehr bald hinüber nach *Capri*. Auf der einzig schönen, vom blauen Südmeer umbrandeten Insel schrieb er im Palmenschatten von Don Paganos Albergo in sechs Wochen die Dichtung nieder, in die er die schönsten Erinnerungen an seine Heidelberger und Säckinger Zeit verwob, während die in ihm wieder erstarkte Liebe zu Emma ihm die Farben für die Stimmungen lieh, die er seinen Spielmann Werner und die blonde Margareta bis zur glücklichen Vereinigung durch den Segen des guten Papstes Innozenz durchleben ließ. Wie der Humor jetzt in ihm wieder vorherrschte, das bezeugen verschiedene Neckereien, die er in die Dichtung hineingeheimnißte. (Vgl. die beiden Ausgaben meiner größeren Scheffel-Biographie.)

Es gibt keine andere Dichtung modernen Ursprungs, welche dem Stoffe nach einen so *romantischen* Charakter hat, dem Wesen nach aber so unmittelbar aus dem persönlichen Erleben des Dichters erwachsen ist, und die in ihrer Ausführung so *realistisch* wäre. Die Besonderheit von Scheffels Gemüt machte, daß ihm vergangene Zeiten sympathischer und der poetischen Darstellung würdiger erschienen als die eigne Zeit. Aber es trieb ihn zugleich, in seiner Dichtung sich und die eigne Zeit zu spiegeln. Und seine Phantasie erschaute das Vergangene so farbenecht und lebensfrisch, so frei von jeder nebelhaften Unklarheit und Verschwommenheit, als sei es Wirklichkeit. Noch verschmäht er als echter Sohn seiner Mutter das Allegorische nicht. Der Rhein wird ihm zum menschlichen Wesen, sein Kater Hiddigeigei und das Erdmännlein denken und sprechen wie kluge Menschen. Aber die Darstellungsweise dieser Romantik ist streng realistisch, verletzt nirgends die Natürlichkeit und innere Wahrheit; sinnenfällig und charakterecht sind auch diese allegorischen Gestalten. Das war der Segen jener Kraft, die er für Talent zur Malerei gehalten hatte, der Segen seines auf gestaltende, bildende Tätigkeit gerichteten Wirtlichkeitssinns. Der Schweizer Dichter Gottfried Keller unterlag fast um die gleiche Zeit dem gleichen Irrtum. Auch jetzt wurde sich Scheffel noch nicht seines Irrtums bewußt. Doch als er den »Trompeter« nach der Vollendung auf Capri in Sorrent dem in Rom gewonnenen Freunde Paul Heyse, der dort sein Fischeridyll »L'Arrabiata« schrieb, vorlas, als er die schöne »Zueignung« der Dichtung an die Eltern schrieb, da war er sich der realistischen Vorzüge derselben voll bewußt. Auf Heines hohnlächelnde Satire in den epischen Gedichten »Atta Troll« und »Deutschland, ein Wintermärchen« wie auf Redwitz' »Amaranth« und Lenaus melancholische Epik anspielend, schrieb er von seinem Sang: »Fehlt ihm der Tendenz Verpfeff'rung, Fehlt ihm auch der amaranthne Weihrauchduft der frommen Seele Und die anspruchsvolle Blässe, Nehmt ihn, wie er ist, rotwangig Ungeschliffner Sohn der Berge, Tannzweig auf dem schlichten Strohhut.«

Die Nachricht von der schweren Erkrankung seiner Schwester, die ihre Verlobung kurz vor der Hochzeit aufgelöst hatte, rief ihn, als er in Sorrent das schöne, in den Liedern »Der Hut im Meer«, »Der Delphin«, »Graziella« (s. Bd. 6, Gaudeamus) von ihm besungene Poetenidyll genoß, dringend nach Hause. (Vgl. mein Buch »Deutsch Capri in Kunst, Dichtung, Leben.« 1902.) Konnte er unter solchen Umständen daheim nicht gleich für seinen »Sang am Oberrhein« das Echo finden, auf das er während des Dichtens gespannt hatte, so ward für die Eltern diese Schöpfung des Sohns zum Preise der geliebten Ahnenheimat doch sogleich, als sie sie kennen lernten, zur Quelle großer Freude und Genugtuung. Nachdem das Werk in Adolf Bonz, dem Chef der Metzlerschen Verlagsbuchhandlung in Stuttgart, einen Verleger gefunden hatte, schrieb Frau Scheffel voll Stolz an Schwanitz, der inzwischen zweiter Bürgermeister in Eisenach geworden war: »Auf die Wartburg und ins Bürgermeisterhaus wird ein Büchlein kommen, – heißt ›Der Trompeter von Säkkingen‹ ... sollte eher heißen ›Schwarzwald und Italien‹, glüht von Lebensfrische und Humor.«

Der geliebten Cousine hatte der Dichter aus Italien einen silbernen Pfeil »in ihre kastanien-
braunen Haarflechten« mitgebracht und diesen ihr am 11. Juni aus Karlsruhe übersandt, wobei
er die Hoffnung aussprach, »womöglich noch im Sommer persönlich die Aufträge, die ihm der
Papst für Zell am Harmersbach mitgab, zu überbringen«. Die Enttäuschung, die sein Herz dann
im darauffolgenden Monat traf, mußte daher alles Maß übersteigen. Von einer gutmütigen Tante in *Offenburg*, die um Josephs Liebe wußte, dorthin eingeladen, traf er Emma Heim. Er fand
sie sehr zurückhaltend, so daß er erst bei einem gemeinsamen Spaziergang in den Wald den Mut
fand, Worte für seine Werbung zu suchen. Ein ausbrechendes Gewitter setzte dem Gestammel
ein Ende. Emma ihrerseits hatte nicht den Mut, zu bekennen, daß sie schon heimlich verlobt
sei, »Willst du auf mich warten?« fragte Joseph vor dem Abschied. Keine Antwort. Die öffent-
liche Verlobung von Emma Heim mit Hektor *Mackenrodt*, einem energischen, weltgewandten,
jüngeren Kaufmann, der die Lenz & Schnitzlersche Porzellanfabrik in Zell im Ausland vertrat,
erfolgte wenige Wochen später. Bald nach der Heimkehr hat Scheffel der abtrünnigen Geliebten
ein Gedicht gesandt, das mit bitterem Humor über den in Offenburg erhaltenen Korb quittier-
te und seinem verwundeten Selbstgefühl eine Genugtuung gab (s. Nachgelassene Dichtungen).
Aber damit war der Schlag noch lange nicht verwunden. Scheffel war bald nach seiner Heimkehr schwer erkrankt. Eine starke Blutkongestion nach dem Kopf, die ihn niederwarf, führte zu
einer Augenentzündung, die sich lange hinzog und ihn erst gegen Ende des Jahres nach einer
sehr schmerzhaften Kur verließ. Er war nach Heidelberg gegangen, um im Einverständnis mit
seinem Vater sich für die Laufbahn eines Dozenten der Rechtswissenschaft an der dortigen
Universität vorzubereiten. Aber es kam anders. Der » *Ekkehard*« entstand.

Wie und wo der »Ekkehard« von Scheffel ersonnen und geschrieben wurde, hat er in Kürze selber in der bekenntnisfrohen Vorrede sowie im Schlußkapitel dieses poesiereichsten aller
historischen Romane berichtet. In der Vorrede ist erzählt, daß er bei Gelegenheit »andrer Studien« mit den **Casus Sancti Galli**, den sanktgallischen Klostergeschichten, vertraut worden sei,
welche der Mönch Ratpert begonnen und Ekkehard der Vierte bis ans Ende des zehnten Jahrhunderts fortgeführt hat; in der großen Sammlung älterer deutscher Geschichtsquellen, der
von G. Pertz herausgegebenen **Monumenta Germaniae historica**, waren sie längst der Forschung
leicht zugänglich. Welcher Art diese Studien waren, geht aus einem Briefe Scheffels an *Otto
Müller*, den Verfasser des historischen Romans »Charlotte Ackermann«, hervor, mit dem er
während dieser Zeit in Heidelberg durch Ludwig Knapp, dessen engeren Landsmann, näher
bekannt geworden war. Müller hatte für den Meidingerschen Verlag in Frankfurt a. M. die
Herausgabe einer »Sammlung auserlesener Originalromane« mit dem Titel *»Deutsche Bibliothek«*
übernommen und Scheffel um einen Beitrag zu derselben ersucht, nachdem er sich mit dem
»Trompeter« als Kritiker freundlich befaßt hatte.

An Otto Müller schrieb Scheffel am 20. April 1854 aus dem schwäbischen Schulzenhof am
Abhang des *Hohen Twiel* bei Singen: »Ich habe vergangenen Winter Studien gemacht aus den
Anfängen deutscher Geschichte, es hat eine *rechtshistorische* Abhandlung geben sollen ... Was
draus hervorgeht – kann ich des Näheren selbst noch nicht bestimmen, der Bodenseeluft, den
Alpen im Hintergrund, dem Wehen des Frühlings muß überlassen werden, was aus dem Ei
herausschlüpft. Wenn's ein genießbarer Vogel wird, so bin ich im Verlauf des Sommers bei
Ihnen, um ihn unter annehmbaren Bedingungen der Einschlachtung im Hans Meidinger zu
überliefern. Das zehnte Jahrhundert liegt freilich etwas seitab von den Pfaden unsrer Novellen,
Romane u. s. w., aber ich gedenke aus jener rohen, werdenden, starken Zeit ein paar Bursche
herauszufischen, die sich ganz natürlich und wohlkonserviert ausnehmen sollen. *Romantik* wird
jedenfalls nicht getrieben, dafür ist mein gegenwärtiges Leben in der Atmosphäre des Kuhstalls
Garantie.«

Der Gegenstand der erst geplanten rechtshistorischen Abhandlung, auf Grund welcher sich
Scheffel gewiß um die Zulassung als Privatdozent für Rechtsgeschichte in Heidelberg, dem
Wunsch seines Vaters gemäß, bewerben wollte, war natürlich das altalemannische Volksrecht,
das ihn schon in seinem Aufsatz über die Hauensteiner beschäftigt hatte. Der Kampf, den Ekkehard im Roman zwischen Pflicht und Neigung führt, ist aufs engste mit den Rechts- und

Machtverhältnissen in Altalemannien verknüpft. Wo nur immer die künstlerische Ökonomie es gestattet, ist im Roman Bezug genommen auf die feineren Unterschiede zwischen dem alemannischen Landrecht und den andern deutschen Volksrechten wie den Sonderrechten, die am Fürstenhof und in den Abteien Schwabens im zehnten Jahrhundert bestanden.

Die Lektüre der sanktgallischen Klosterchroniken hatte aber auch in Scheffel sein von der Schulzeit her in ihm reges, dann von Gervinus stark gefördertes Interesse für die altdeutsche Dichtung frisch belebt. Kritisches Nachdenken über das Wesen der epischen Dichtung und seinen »Trompeter« wandte zudem sein Interesse dem altdeutschen Epos zu. Gerade in jener Zeit war der Lehrstuhl für deutsche Sprache und Literatur in Heidelberg durch einen Forscher neu besetzt, der ihm als Freund seiner Eltern längst nahestand, den Germanisten Adolf *Holtzmann*. Dieser hatte neuerdings durch seine »Untersuchungen über das Nibelungenlied« die germanistische Welt durch die Hypothese erregt, das uns erhaltene deutsche Nibelungenlied sei die Bearbeitung eines älteren, zusammenhängenden, uns aber verloren gegangenen lateinischen Epos, das der »Schreiber Konrad von Alzey« für den Bischof Pilgrim von Passau verfaßt haben müsse. Als das schönste Beispiel eines alten germanischen Heldengedichts, das in lateinischer Sprache gedichtet wurde, gilt das Waltharilied, das Epos vom **Waltharius manu fortis**, das zuerst Jakob Grimm 1838 zum Druck brachte. Dies Gedicht nun, in Hexametern verfaßt, hatte eben durch San Marte eine recht ungenügende Übersetzung erfahren; der Franzose M. Fauriel hatte es ferner in seiner Geschichte der provenzalischen Literatur seinem Ursprung nach für diese in Anspruch genommen. Wie es vorliegt, ist es das Werk eines der Ekkeharde von St. Gallen. Ekkehard IV., der 1036 starb, bemerkt in den **Casus Sancti Galli**, daß er Ekkehards I. Jugendgedicht über Waltharius verbessert habe. Dieses Waltharilied, das den Kampf Walthers von Aquitainen am Wasgenstein schildert, wo der mit Hiltgund von Etzels Hof unter Mitnahme reicher Schätze Entflohene, vom Burgunderkönig Günther und seinen Recken überfallen, sich dieser Angreifer erwehrt, ist ein Muster jener mittelalterlichen lateinischen Poesie deutscher Herkunft, in der sich ein durchaus deutsches Fühlen und Denken in das Gewand eines keineswegs immer klassisch reinen Lateins im Stile Virgils verbirgt. Die geistlichen Dichter standen noch zu sehr im Banne naiver Verehrung ihrer lateinischen Muster, um sich der poetischen Vorzüge ihrer eignen Sprache, die sie barbarisch nannten, zu freuen.

In Scheffel weckte der Eindruck dieser Poesie die Frage: wie kam ein gelehrter Mönch des zehnten Jahrhunderts dazu, für die Schilderung des rauhen germanischen Heldentums, wie es im Zeitalter der Völkerwanderung waltete, so entsprechende kraftvolle Bilder und Worte zu finden? Die Antwort auf diese Frage war eine Dichtervision: jener Ekkehard, der auf Geheiß der Herzogin Hadwig aus dem St. Galler Klosterfrieden auf den Hohentwiel kam und ihr in Virgils »Aneïde« Latein lesen lehrte, verschmolz sich in seinem Geist mit dem andern, der im Latein des Virgil das Waltharilied dichtete, zu einer Person. Gerade diesem Mönch, der, dem Kloster entrückt, zum Burggenossen der noch jugendlichen Witwe des Schwabenherzogs Burkhard wird, der ihr die lateinische Heldendichtung erklärt, während das Schwabenland ringsum Heldenkraft zur Abwehr der wilden Ungarn, der »Hunnen«, fordert, diesem jungen Gelehrten, der mit in den Kampf zieht gleich den andern Mönchen von Sankt Gallen und Reichenau, war die Abfassung eines solchen Heldengedichts zuzutrauen. Die Phantasie des Dichters trat in ihre Rechte und mit ihr sein Empfindungsleben. Es flutete hinüber in die Gestalt dieses Ekkehard, und sie wurde Fleisch von seinem Fleisch, füllte sich mit Blut von seinem Blut, fing an zu fühlen und zu denken wie er.

Was er im letzten Jahre durchlebt, die Resignation einer Liebe, die er erwidert geglaubt hatte, wurde nun das Schicksal seines Helden. Was er selbst unternehmen wollte, um die in ihm noch immer fortglimmende Leidenschaft für ein Weib, das jetzt zu begehren Frevel war, kraftvoll zu überwinden, eine Tat der Selbstbefreiung vermittelst der Dichtkunst, das sollte sein Ekkehard vollbringen. Auch für die besondere Art dieses geistigen Heldentums, daß den Ekkehard die Reue, in kriegerischer Zeit kein Kriegsmann zu sein, zum Sänger vorzeitlichen Heldentums macht, hatte er – wir erinnern an Scheffels Klagen über den Frieden von Malmö, bei der Katastrophe von Schleswig! – verwandte Empfindungen in der eignen Brust. Und so kam es, daß der angesammelte Stoff kulturhistorischen Wissens sich nunmehr zum Hintergrund eines Seelengemäldes gruppierte, das uns einen jungen, gelehrtem Studium in edlem Streben zugewandten Mann zeigt, der durch eine verschwiegene, langverhaltene, zur Unzeit hervorbrechende Leidenschaft schier um Glück und Seelenheil gebracht wird, darüber aber zu einem Dichter reift, der erlöst von sich sagen kann: »Selig der Mann, der die Prüfung bestanden!«

Zunächst übersetzte er in seiner Freude an der markigen urdeutschen Poesie des Waltharius »an langen Winterabenden« dies Lied von kühner Reckenkraft und »ehrlicher, frommer, schweigender Liebe«, wobei er die virgilianischen Flitter, die Ekkehard IV. in den Text seines Vorgängers gefügt, mit keckem Griff abstreifte und als Versmaß die gereimte Nibelungenstrophe benutzte. Mit dieser Arbeit konnte er sich, wie er nunmehr plante, die Zulassung zu einem Lehrstuhl für deutsche Literaturgeschichte erwirken. Denn was ihm im »Engeren« Ludwig Knapp von seinen eignen Erfahrungen und Aussichten als Privatdozent der Rechtswissenschaft mit sarkastischem Hohn auf das gesamte Rechtsleben der Zeit erzählte, hatte ihm das Projekt, in ähnlicher Form sich die Zukunft zu gestalten, gründlich verleidet. Zum Dozenten der Literaturgeschichte hatte er weit mehr Neigung, und als er sich dann im November dieses Jahres, nach der Vollendung des »Ekkehard«, um den Lehrstuhl in Zürich bewarb, reichte er seine Übersetzung des Waltharilieds bei der Schweizer Oberschulbehörde ein, wohl mit einer Einleitung versehen, wie er eine solche viel später (1874) bei der mit Dr. Alfred Holder veranstalteten Ausgabe des »Waltharius, mit deutscher Übertragung und Erläuterungen« eingehender geschrieben hat, (Vgl. »Briefe J. V. v. Scheffels an Schweizer Freunde«, herausgegeben von Adolf Frey, 1898.)

Damals aber, als er die Übersetzung beendet hatte, während ihm der Plan zum »Ekkehard« in Kopf und Herzen wuchs und wuchs, da trieb es ihn fort nach *Sankt Gallen*, um die Örtlichkeiten mit eignen Augen zu sehen, die seines Helden Jugendheimat gewesen, und in der noch bestehenden weltberühmten Bibliothek der damals schon seit einem halben Jahrhundert säkularisierten Abtei mit eignen Augen die alten Urkunden, Chroniken, Gedichte und Gebete zu lesen, von denen ihm die Quellenwerke von Pertz, Hattemer, Ildefons v. Arx, und Wiedemanns Geschichte der Bibliothek Kunde gegeben hatten.

Es war noch März, als er zunächst nach Karlsruhe reiste, um den Eltern sein Vorhaben anzuvertrauen und sich von seiner Mutter die alten Geschichten der seligen Großmutter aus dem Sagenschatze des Hegau auffrischen zu lassen. In Sankt Gallen focht es ihn nicht an, daß seit den Tagen Cralos und Notker Labeos das Bild der Abtei ein ganz andres geworden war. Die umfangreichen Gebäude, die sich um den großen Klosterhof ziehen, gemahnten nur wenig an die kastellartige Abtei in Rundbogenstil, in der die Ekkeharde gelebt und geschrieben hatten, und die zur Zeit Abt Cralos von den »Hunnen« gestürmt worden war. Die jetzigen Gebäude stammten aus dem achtzehnten Jahrhundert und dienten zum Teil ganz weltlichen Zwecken. Nur das Stiftsarchiv und die Stiftsbibliothek vermittelten einen direkten Zusammenhang mit der altehrwürdigen Kulturwelt, die der junge Forscher, der jetzt dort über den Pergamenten saß, zu neuem Leben heraufbeschwören wollte. Poetische Anschauung von dem Zustand der alten Abtei, zu deren Turmwächter sich Scheffels Phantasie den lied- und jagdkundigen Romeias erfand, schöpfte er aus dem auch noch vorhandenen großen Bauriß, den der Architekt Gerung in der Zeit Ludwigs des Frommen auf geglätteter Tierhaut angefertigt hat. Daß er diese Bauten, Höfe und Gärten aber mit so leibhaftig geschauten Mönchen und Klosterschülern jener alten Zeit beleben konnte, hatte er dem Zusammenwirken der alten Gengenbacher Familienerinnerungen, der ihm ureignen Vorstellungsgabe für altgermanisches Wesen und dem in langer geistiger Arbeit erworbenen freien Verhältnis zu den ihm doch innig vertrauten Einrichtungen und Anschauungen der katholischen Kirche zu danken.

Wie seine Dichterphantasie auch jetzt wieder darauf ausging, Selbsterlebtem den Reiz des Lebens für seine Dichtung abzugewinnen, dafür ist besonders bezeichnend, was mir der Frankfurter Maler Otto Donner in bezug auf die Szene im 2. Kapitel des Romans, wo der jugendschöne Ekkehard als Pförtner der Abtei die stolze Herzogin Hadwig über die Schwelle des Eingangs trägt, erzählt hat. Das lustige Begegnis, das Scheffel, als er in Albano war, mit der Malerin Amalie Bensinger vor dem Augustinerkloster **Ara coeli** bei Palazzuola am Monte Cavo erlebte, gab – ich muß den Leser für das Nähere auf meine Scheffelbiographie verweisen – dem Dichter das Motiv für den glücklichen Einfall, der jene Umgehung des Gesetzes, das Frauen den Eintritt in Mönchsklöster verbietet, zur Folge hat.

In reichster Fülle strömte ihm dann das eigene Erleben die Motive für seine Dichtung zu, als er Mitte April von Sankt Gallen aufbrach und auf der Höhe des Freudenbergs, von der Stätte seiner Studien Abschied nehmend, hinausblickte in die Landschaft, die er zu schildern vorhatte, rückwärts auf das Alpsteingebirge mit der lichten Spitze des *Säntis*, vorwärts auf den blinkenden Spiegel des *Bodensees* und die fernen Berge des *Hegau*.

Es sind nur drei Stunden von Sankt Gallen nach Arbon ans Bodenseeufer. Wie Scheffel es wenige Wochen später in seiner Arbeitsstube auf dem Schulzenhof am Twiel seinen Ekkehard tun ließ, fuhr er nun selbst von Arbon auf dem See nach *Konstanz*, wo einst Bischof Salomo sein strenges Regiment führte. Und wie sein Ekkehard hielt er sich in Konstanz nicht auf, weil es ihn nach dem Hohentwiel drängte. Mit zwei ihm befreundeten Rechtspraktikanten am Hofgericht, G. v. Stoesser aus Karlsruhe und Grohe aus Mannheim, die er besuchte, ging er gleich am nächsten Tag auf der badischen Seite des Untersees, die *Reichenau* links liegen lassend, nach *Radolfzell*. Er hatte jetzt kein bewunderndes Auge für die waldumhegten Bergschlösser am Thurgauer Ufer, für Schloß Arenaberg, das gerade damals viel Neugierige anzog. War doch Napoleon III., der dort einen Teil seiner Jugend verbracht hatte, seit dem Ausbruch des Krimkriegs in ganz Europa hoch zu Ansehen gelangt, und gar viele Damen in Deutschland schwärmten für seine Gemahlin, die Beherrscherin der Mode, Eugenie. Scheffels Blick ruhte mit Freude auf der stolzen Wölbung des *Hohentwiel*, dem Burggemäuer auf deren Spitze. Seine Seele war erfüllt von dem Wunsche, diesen *deutschen* Berg, der einst die Hofburg der Herzöge von Alemannien, von Schwaben getragen, zu dem ihm gebührenden Ruhm zu verhelfen! Wer wußte von den nach den Alpen verlangenden Touristen, die damals vom Rheinfall bei Schaffhausen mit der Eilpost auf dem Thurgauer Ufer nach Konstanz fuhren, etwas Rechtes von den alten Zeiten, die er nun im Bild der Dichtung heraufbeschwüren wollte?

Sein Weg von Radolfzell nach *Singen* führte ihn über *Rielafingen*; den Manen seiner Großmutter mußte er huldigen, die hier als junges Mädchen aufgewachsen war und die im Jahr ihrer Hochzeit den Zusammensturz der Burgveste erlebt hatte. Dann ging's durch Singen zum Schultheiß Pfizer und er »nistete« sich ein.

Während der folgenden sechs Wochen, die er dann im Hegau und am Bodensee verbrachte, entfaltete der Frühling allmählich seine ganze Herrlichkeit. Und es geschah, was er bald nach der Ankunft auf dem Twiel an Otto Müller nach Frankfurt als Wunsch geschrieben, »die Bodenseeluft, die Alpen im Hintergrund, das Wehen des Frühlings,« die sorgten dafür, daß von ihrem Wesen Kraft und Frische und Schönheit in das Werk übergingen, das er nun begann und für das ihm die Landschaft und ihr Volksleben ringsum, sein Wandern und Forschen auf dem Heimatboden der Großmutter Motiv auf Motiv bot. Die Fahrten, die Ekkehard von *Ermatingen* über die Reichenau nach Radolfzell, dann als Gesandter der Herzogin vom Twiel aus nach den, damals noch nicht durch die Landstraße beschnittenen Heidenlöchern *bei Überlingen* und auf den Hohenkrähen unternimmt, wurden vom Dichter vor dem Schildern derselben ähnlich erst selbst unternommen! Wohl mehr im Gedenken an die Kyffhäusersage und an die Haseler Erdmännleinshöhle, in der er den Stillen Mann »entdeckt« hatte, als an Herzog Ulrichs Höhlenversteck in Hauffs »Lichtenstein« schuf er unter dem Lokaleindruck der Sipplinger Höhlen die Gestalt des für die Welt verschollenen kaiserlichen Einsiedlers, den das Kopfweh ebenso peinigt wie die Reue über den schimpflichen, den Nordmännern von ihm eingeräumten Frieden. In den Gefilden zwischen Singen und Radolfzell sich ergehend, entwarf er den Plan zur »Hunnenschlacht«. Die *alte* Herzogsburg auf dem Hohentwiel sich aus den Trümmern im Geiste neu zu erbauen, erleichterte ihm seine genaue Kenntnis der Wartburg! Zwischen den Klingsteinblöcken am Abhang m Grase liegend, der Weide von Ziegen und Gänsen, mußte der Dichter des Hirtenidylls gedenken, das er für Emma Heim nach dem verhängnisvollen Besuche in Zell als Vielliebchen gezeichnet hatte. Aus dieser Erinnerung gestaltete sich in seiner Phantasie das märchenduftige Hirtenidyll Audifax, und Hadumoth, berufen, mit seiner heroischen

Wendung, der Flucht der beiden treuen Gespielen aus dem Hunnenlager mit dem Goldschatz der »Hunnen«, im Roman für *Ekkehards* Dichterphantasie ein Vorbild zu schaffen, das *dessen* Interesse für die Sage von Walthari und Hiltgunde und deren Flucht aus dem Hoflager Etzels mit dessen Goldschatz belebt. Im Kapitel »Auf der Ebenalp« hat Scheffel deutlich ausgesprochen, daß er diese Absicht gehabt hat. Da hat Ekkehard in seiner Bergeinsamkeit eine Vision. »Die Gedanken flogen hinüber ins ferne Hegau und weiter, es war ihm, als säße er wieder bei Frau Hadwig auf dem Hohenstoffeln, als käme Audifax mit Hadumoth aus der Hunnennot heimgeritten, als sah er das Glück in Gestalt jener zwei verkörpert, und aus dem Schutt vergangener Zeit tauchte auf, was der sinnige Konrad von Alzey ihm dereinst von Walthari und Hiltgunde erzählt...« Gewiß ist Scheffel auch den Rhein hinauf, am Laufener Strudel und dem Wieladinger Strahl vorbei gen Säckingen gewandert, um Hadumoths Wanderung ins Hunnenlager mit allen Sinnen selbst zu erleben.

Die meiste Mühe machte dem Dichter die Darstellung des Herzenskonflikts zwischen Mönch und Herzogin. Mit genialer Finderkraft hatte er in Virgils Heldengedicht Stellen über Didos Liebe zu Äneas aufgespürt, die sich in seiner Dichtung für die Beziehungen Hadwigs zu Ekkehard in ähnlicher Weise verwenden ließen, wie Dante in der Göttlichen Komödie für die Episode von Malatestas Leidenschaft für Franzeska da Rimini den Ritterroman »Lanzelot« verwertet hat. Er hielt sich in der Charakteristik der Herzogin an die Überlieferung; ein Vorbild des wirklichen Lebens fehlte ihm. In seiner Mutter wie in seiner Schwester war der Zug zu höherem geistigen Leben, der die Herzogin Hadwig beseelt, ja auch lebendig, aber in ganz anderer Weise; freilich, der tapfere Sinn der Frau Major lebte in der Herzogin auf. Seit 1846 war ihm der Kommandant der Wartburg, der kunstsinnige Major v. *Arnswald* bekannt, und durch die Mutter, die diesem inzwischen eine vertraute Freundin geworden war, wußte er von der stillen Liebe desselben zu der die Bildhauerkunst übenden Herzogin Helene von Orleans, einer geborenen Prinzessin von Mecklenburg-Schwerin, die seit Louis Philipps Sturz in Eisenach lebte. Aber diese Toggenburgliebe des edlen Schloßhauptmanns zu der musterhaft lebenden Fürstin bot wenig Analogien. So war er für Hadwig auf seine Phantasie angewiesen, der aus der Literatur der »jungdeutschen« Dichter jener Epoche, den Dramen Heinrich Laubes z. B., manche Anregung zufloß. Für das Charakterbild Ekkehards schöpfte er dagegen die Hauptzüge aus seinem eigenen Wesen. Die Saumseligkeit und Zaghaftigkeit im Liebeswerben, die ihn so unglücklich gemacht, hatte auch Ekkehard zu bereuen. Es war dem Dichter überhaupt damals noch dem schönen Geschlecht gegenüber große Schüchternheit eigen. Wir wissen aus Briefen der Frau Major Scheffel, daß ihren Sohn in jenem Jahre die zärtliche Umarmung seitens der zu Besuch in Karlsruhe erschienenen Pariser Cousine Adele *Stolz* in die größte Verlegenheit brachte. Es ist dieselbe Cousine, von der er in der fünften Säkkinger Epistel erzählt hat, daß sie bei einem Besuche in Heidelberg, als er selbst noch Student war, am Wolfsbrunnen »in, Rauschen des Quells und der Linden« ihm auf seine Erklärung, was das germanische Gemüt unter Träumen verstehe, geantwortet habe: »**Oh! que je puisse rêver toujours avec vous!**« Zwei Hauptszenen seines Romans lassen Hadwig und Ekkehard auf einer Anhöhe am Waldesrand stehen und ins Land hinaus träumen. An der gefällten heiligen Eiche auf dem Gipfel des Hohenkrähen unterbricht den zärtlichen Liebestraum der Herzogin Ekkehards zage Sündenfurcht. Unter der Riesentanne am Abhang des Hohenstoffeln, wo die Hochzeit der langen Friderun mit Cappan stattfindet, läßt sich dann Ekkehard von dem verlockenden Zukunftstraum des stolzen Weibes bezaubern. Der alte Ahorn im Burggärtlein des Hohentwiel, das Scheffel dem der Wartburg nachgebildet, hatte im Garten von Scheffels Elternhaus sein Vorbild; das Unternehmen des Erzählens unter dem Ahorn von deutscher Heldensage auf Geheiß Frau Hadwigs war so recht nach dem Geschmack der Frau Majorin, die unter ihrem Ahorn so manchen poetischen Wettkampf ähnlicher Art veranstaltet hat. Wir wissen von poetischen »Gartengesprächen«, die sie für sich und Wilhelmine v. *Cornberg* gedichtet und poetischen Stegreiftournieren, die sie mit dem Münzrat *Kachel* ausgefochten hat.

Durch Gleichnisse und Anspielungen dieser Art seinen Angehörigen und Freunden eine besondere Freude zu machen, war überhaupt eine Hauptquelle des Humors in Scheffels Werken.

Der Weinhandel, den der unter die Hunnen geratene Wanderschwab Snewelin aus Ellwangen nach Pommern betreibt, die auf den Bodensee angewandten Vergleiche mit Eindrücken, die Scheffel als Student auf Rügen empfing, sollten seinen Freund Eggers gaudieren. Für den »Engeren« gemünzt war der dem studentischen Salamanderreiben nachgebildete gottesdienstliche Akt der »schlecht getauften« Sonnenanbeter am Felsblock unter der heiligen Eiche des Hohenkrähen. Der Dichter, der in den folgenden Sommermonaten seinen Roman in Karlsruhe und Heidelberg bis zur Katastrophe beendete, befand sich während des Schaffens in herrlichster Laune; er fühlte sich ganz Herr seines Stoffes und seiner Stimmungen. Sein Humor fügte sich willig dem künstlerischen Takt. In der Kunst, mit der er es vermocht hat, die ernsten Motive und Konflikte, Personen und Begebenheiten im »Ekkehard« mit ähnlichen von humoristischer Färbung harmonisch zu kontrastieren, reicht Scheffel an Shakespeare. Das asketische Hexentum der Wiborad beim Kloster Sankt Gallen, des Kellermeisters Rudimann genußfröhlich Treiben auf der Reichenau, das naturfrohe Waldläufertum des Leutpriesters von Radolfzell, die dem roten Meersburger schließlich doch einmal erliegende Trinkerkraft des Kämmerers Spazzo, des blöden Heribald sorglose Tapferkeit, die täppische Zärtlichkeit des Liebespaars Friderun und Cappan, das Verhältnis des braven Wächters Romeias zur lieblich weitheiteren, stets hilfsbereiten und unverlegenen Zofe Praxedis, die kleinlichen Intriguen der pfäffischen Gegner des Ekkehard gegenüber der strengen Tugend und dem einen Leidenschaftsausbruch desselben: wie sind diese Figuren und Beziehungen alle zu rein künstlerischer komischer Wirkung gebracht!

Als einen Akt der Selbstbefreiung von quälender, hoffnungsloser Leidenschaft hatte Scheffel den Roman unternommen; und als er in der Gestaltung desselben soweit gelangt war, daß er seinen Helden gleiche Leidenschaft nachzuempfinden hatte, da fügte es sein Schicksal, daß er selbst vom Leben wiederum in diese Stimmung versetzt ward. Für den 10. August 1854 war Emma Heims Hochzeit anberaumt. Sie sollte in *Freiburg* stattfinden, wo der Apotheker Heim sich als Rentner angekauft hatte. Es ergingen dringende Einladungen an den Major Scheffel und die Seinen zur Teilnahme. Der alte Herr wollte bei dem Familienfeste nicht fehlen, und er forderte den Sohn auf, ihn zu begleiten. Joseph fuhr mit, in desperatester Stimmung, wie von einem Dämon getrieben. Das Haus der alten Heims in der Neuen Vorstadt war von Gästen überfüllt. Die Braut, so hat die Cousine als Greisin dem Herausgeber der Briefe Scheffels an sie erzählt, hatte zur Großmutter, des Apothekers Mutter, in den obersten Stock ziehen müssen. Am 9. August spät abends kam der Major mit Joseph an. Emma war schon zur Ruhe gegangen. Am nächsten Morgen versammelte sich alles im unteren Stock in dem großen Zimmer, um zur Kirche zu fahren. Nur Joseph Scheffel fehlte. Er suchte Emma im Hause und traf sie auf der Treppe, die vom obersten Stock herabführt, von Schleier und Brautkleid umwallt. Von seiner Empfindung überwältigt, kniete Scheffel auf den Stufen nieder und bedeckte Emmas Hände mit Küssen. Dann erhob er sich, drückte ihr die Myrten in die Haarflechten und küßte sie. Darauf schritten sie herunter zu den Gasten. Der Dichter blieb während des Hochzeitsfestes schweigsam; der Aufforderung, einen Toast auszubringen, kam er nicht nach. Längst vor dem Ende brach er ohne Abschied auf. Der aufregenden Nachwirkung dieses Erlebnisses verdankt wohl das Kapitel »Verstoßung und Flucht« seine innere Glut. Was er dann den Ekkehard altem Plane gemäß nach seiner Flucht vom Twiel tun ließ, unternahm nun auch er. Er reiste über Singen, Konstanz, Sankt Gallen, Appenzell ins Weißbad, das zu Füßen der Herrlichkeit des Säntis liegt, und vom 1. bis zum 7. September wohnte er hoch oben, 4000 Fuß überm Meer, neben der Höhle des *Wildkirchli* unter der Ebenalp beim Uscherwirt. Dort dichtete er, umfriedet von den Bergriesen, die sich im Seealpsee spiegeln, von dem »alten Leid« neugenesend, was die Schlußkapitel des Romans von Ekkehards Genesung bis zur Vollendung des Waltharilieds und von seinem Abschiedsgruß an die Herzogin von Schwaben erzählen. Einige Zeit später hat Scheffel dem Züricher Maler und Dichter August *Corrodi* geschrieben: »Und wenn Ihr auf die Ebenalp kommt, grüßet mir meine alten lieben Bergwände, denen ich die beste Sommerfrische und den ungequälten Schluß des Büchleins zu danken habe – und grüßet mir auch die Babe Sefi Uhlmann, deren Sennhüttlein neben dem Äscherwirtshaus steht, die ich als Benedicta in die letzten Kapitel versetzt, und saget dem kleinen braunen Geschöpf, wenn ich wiederkomme, woll' ich auch in stiller Mondnacht in Grubenmanns Einsiedelhöhle zum gedämpften Schall der Maultrommel mit ihr tanzen und kein so finster Gesicht machen...« Ins Fremdenbuch des Äscherwirts aber schrieb er (s. Nachgelassene Dichtungen) ein Abschiedslied; in ihm bekannte er von sich: »Er schleppte auf den Berg herauf Viel alte Sorg' und Qual; – Als wie ein Geisbub' jodelnd fährt Er fröhlich jetzt zu Tal.«

Nach alledem erklärt es sich leicht, was Adolf Stern in seiner »Geschichte der neueren Literatur« von Scheffels »Ekkehard« gesagt hat, daß die Art, wie hier der Dichter eine Fülle historischen Materials mit unmerklichem Zug in Fleisch und Blut verwandelt und für sich und den Leser ein Empfindungsverhältnis gewonnen hat, sich der Nachahmung entzieht. Und was Scheffel über das Waltharilied als Werk seines Ekkehard so treffend gesagt hat: »Wer von der alten Mutter Natur seine Offenbarung schöpft, dessen Dichtung ist wahr und echt,« das gilt auch von diesem Roman. Er ist die höchste Leistung des *künstlerischen Realismus* in seiner Gattung. Was der junge Goethe so begeistert im »Werther« geschildert, was Schiller in seinem letzten Drama, im »Tell« als poetischer Landschaftsmaler gezeigt hat, das findet sich im »Ekkehard« innigst verschmolzen: der ursprünglich empfindende Mensch in seinem Zusammenhang mit der Natur und ein Volk als Produkt seiner Bodenständigkeit in der heimatlichen Landschaft. Alle die geistigen Neigungen und Kräfte, deren Widerstreit unsern Dichter vor seiner Romreise beunruhigt hatten, seine Liebe für die Ahnenheimat und ihre Vorzeit, seine Wanderlust mit dem Ziele der Alpenherrlichkeit, seine Freude an Burgen- und Höhlenromantik, sein historischer Sinn, der gleich sehr der Welt der Antike wie der deutschen Altertumskunde zugewandt war, seine rechtshistorischen Studien, sein Interesse für die altdeutschen Legenden, Sagen und Bräuche und sein starker Wirklichkeitssinn, der ihn sowohl zum Landschaftsmaler wie zum naturwissenschaftlichen Beobachter der Landschaft gemacht hatte, sein mit den alten Überlieferungen spielender Humor und sein großdeutscher Patriotismus, der schon vor 1848 »realpolitisch« zu denken gelernt hatte: dies alles hatte sich hier harmonisch vereinigt, um etwas Neues, Schönes, Großes im Reich der Poesie hervorzubringen! »Heimatkunst« im höchsten Sinn des Worts hatte er hier geboten, aber eine solche, die aufs ganze deutsche Vaterland hinauswies, die wohl den alemannischen Heimatboden deutscher Kultur feierte, aber nicht dem engherzig eitlen Partikularismus das Wort redete! Ekkehard, deutet der Schluß an, wird Kanzler beim Sachsenkaiser, dem er zu mannhaftem Auftreten gegenüber dem Landesfeind rät. Und nirgends schließlich hat Scheffels Naturandacht auf Bergeshöhen großartigeren Ausdruck gefunden als in dem Kapitel, das den freigewordenen Mönch als Bergbruder der Sennen auf der Ebenalp schildert.

Im Februar 1855 schrieb Scheffel im Bewußtfein einer vollbrachten Großtat dichterischen Schaffens das Vorwort zum »Ekkehard«, das so stolzbescheiden mit dem Satz der geistlichen Komödiendichterin Hroswitha von Gandersheim ausklingt: »Wofern nun jemand an meiner bescheidenen Arbeit Wohlgefallen findet, so wird mir dies sehr angenehm sein; sollte sie aber wegen der Verleugnung meiner selbst oder der Rauheit eines unvollkommenen Stils niemandem gefallen, so hab' ich doch selber meine Freude an dem, was ich geschaffen.«

Er war nach *Heidelberg* gegangen, um hier, am Orte seiner vorbereitenden Quellenstudien, dem Roman noch den Anhang von historischen Nachweisungen anzufügen zur Erhärtung des geschichtlichen Charakters der Erzählung. Er behielt dabei die Möglichkeit im Auge, daß er sich auf Grund dieser Quellenstudien um die Zulassung zur Dozentenlaufbahn an einer Hochschule bewerben könne, wie er es im Herbst des vergangenen Jahres unter Einreichung seiner Übersetzung des Waltharilieds am Züricher Polytechnikum getan hatte, vergeblich, weil der übrigens auch von ihm hochgeschätzte Tübinger Ästhetiker Friedrich Theodor Vischer den Vorzug erhielt.

Zu der mühsamen Arbeit holte er sich Erfrischung im »Engeren« sowie an dem Schmezerschen Stammtisch im »Holländer Hof«, wo ein junger Sprachgelehrter aus Frankreich, L. Filliard, Scheffels Interesse für die Entstehung des Waltharilieds teilte.

Die Jahre 1853 bis 1855 waren des »Engeren« Blütezeit. Jugendfrische Vertreter aller Wissenschaften verkehrten hier in kordialer Form miteinander. Schmezer hielt im Museum seine

Vorträge über Humboldts Kosmos und die neuere geologische Forschung, wie über die Fortschritte der Astronomie. Den Scherzgesprächen, die sich unter den Freunden daran knüpften, entkeimten in der Zeit vor und nach der Schöpfung des »Ekkehard« die »naturwissenschaftlichen« Kommerslieder Scheffels, die seinen tiefen ernsten Anteil an den geistigen Errungenschaften jener Epoche zur Voraussetzung haben, welche durch Forscher vom Range Liebigs, R. Bunsens, Agassiz', Karl Vogts, A. Brehms u. a. ein naturwissenschaftliches Gepräge erhielten. In jener fröhlichen Zeit nach Beendigung des Romans erklang auch im »Engeren« zuerst das Lied von der wilden Jagd des *Rodensteiners*, dessen Klage »Gibt's nirgends mehr 'nen Tropfen Wein des Nachts um halber Zwölf« den Protest des Schmezerschen Kreises gegen die frühe Polizeistunde des noch herrschenden reaktionären Polizeiregiments zu drastischem Ausdruck brachte. Ein Gespräch über Wagners »Fliegenden Holländer« weckte in dem Rechtsanwalt Mays die Erinnerung an die pfälzische Sage vom »Dick Enderlein von Ketsch«, und Scheffels Ballade vom »Enderle« mit ihrem klirrenden »Remplem« gab dem Pfarrherrn von Ziegelhausen, der als »Augur von Tegelinum« im »Pumpus von Perusia« zu ewigem Leben erstand, den Stoff zu einer neuen Prachtleistung seiner Gesangskomik. Besonders intim verkehrte Scheffel mit Ludwig Knapp, dessen Schicksale als andauernder Privatdozent der Jurisprudenz ihn abgehalten hatten, sich auf gleiche Bahn zu wagen, und dessen kaustischer Witz von ihm als stets wirksames Heilmittel gegen die Anfälle seiner Melancholie empfunden wurde.

Seine Wohnung hatte er diesmal droben im Brückenhäuschen des Heidelberger Schlosses mit einem entzückenden Blick in den Schloßhof und auf die prächtige Schloßfassade, beim Kastellan, wo schon Otto Müller, der Herausgeber der »Deutschen Bibliothek«, vor ihm gewohnt hatte. Beim Frühlingsfest des »Engeren« am 25. April 1855 konnte dann ein neues Lied vom Meister Josephus gesungen werden, in dem das freudige Aufatmen seiner Seele jubelnden Ausdruck gewann: »Des Engeren Maiwein- und Frühlingslied« (s. Nachgelassene Dichtungen).

Mit solchen Eindrücken verließ der Dichter, noch ehe der »Ekkehard« erschienen war, nach Empfang des Honorars von 1200 Gulden, die ihm Meidinger für eine erste Auflage von 10000 Exemplaren und das Verlagsrecht auf 15 Jahre zahlte, die Heimat wieder, im Kopf und Herzen bereits den Plan zu einer neuen Dichtung. Sein Ziel war *Venedig* und sein Begleiter *Anselm Feuerbach*. Dieser junge reichbegabte Maler, ein Sohn des Archäologen, Neffe des Philosophen und Enkel des Kriminalisten Feuerbach, war drei Jahre jünger als Scheffel, und um die Zeit der Entstehung des »Trompeter« aus der Schule Coutures in Paris als neuerungskühner Kolorist nach Karlsruhe gekommen. Während Scheffel dort am »Ekkehard« schrieb, vollendete Feuerbach sein Gemälde » *Pietro Aretino*«, das den merkwürdigen Tod des geistreichen Satirikers inmitten der Freuden eines Gastmahls bei *Tizian* darstellt. Der Spötter war an einem Lachkrampf erstickt. Dieses Bild tat es Scheffel an. Er suchte des Malers nähere Bekanntschaft. In Heidelberg, wo Anselms Mutter lebte, wurde die Freundschaft befestigt. Als der Maler vom Großherzog *Friedrich* von Baden den Auftrag erhielt, für ihn Tizians »Assunta« (»Mariä Himmelfahrt«) in der **Accademia dell' arte** von Venedig zu kopieren, faßte der Dichter den Plan zu einem neuen Roman, der das venezianische Kulturleben zur Zeit Pietro Aretinos und Tizians zum Gegenstand haben sollte. Wie im »Ekkehard« die Herzogin Hadwig als Freundin humanistischer Studien dargestellt ist, so sollte die Heldin des neuen Romans eine jener kunstbegeisterten Frauen sein, deren die italienische Renaissance eine ganze Anzahl hervorgebracht hat: die jugendschöne Schülerin Tizians, *Irene di Spilimbergo*, welche Tasso und andere hervorragende Dichter Italiens nach ihrem frühen Tode in Gedichten verherrlicht haben. Als Vorbild für diese Gestalt schwebte dem Dichter seine Schwester Marie vor, die als Meister Frommels Schülerin große Fortschritte gemacht und neuerdings manche Bewerbung ausgeschlagen hatte, um ihrer Kunst treu zu bleiben. Emil Frommel, der Sohn, hat in seinem Buch »Aus goldnen Jugendtagen« ihr Bild entworfen als das Ideal eines jungen Mädchens, deren schöne Gestalt der ganze Reiz der Jungfräulichkeit übergoß. »Dazu strahlte eine Reinheit des Gemüts aus ihren blauen Augen, die keinen bösen Gedanken in ihr aufkommen ließ. Sie war eine echte, reichbegabte Künstlernatur.«

Wie die märchenhafte Schönheit der Lagunenstadt mit ihrer Stimmungsfülle und Farbenpracht zunächst auf Scheffels Schönheitssinn wirkte, das spiegelt getreulich der längere *Brief aus Venedig* an die Seinen, der in die »Reisebilder« (s. Bd. 3) Aufnahme gefunden hat; die ganze Reise schilderte er *humoristisch* in der *»Venetianischen Epistel«* zur Belustigung für den »Engeren« (s. Bd. 4). Aber diese Epistel vermerkt auch schon die feindliche Macht, welche den historischen Vorstudien für den Tizian-Roman, die Scheffel inzwischen in der Markusbibliothek begonnen hatte, ein frühes Ende bereitete. Die furchtbare Choleraepidemie, welche damals ganz Oberitalien verheerend überzog, setzte sich in Venedig fest. Eine Zeitlang trotzten die beiden Künstler, jener hinter der Staffelei, dieser hinter seinen Büchern und Exzerpten der Panik, während in ihrer nächsten Umgebung die Opfer der Cholera »wegstarben wie die Fliegen.« Da, eines Abends, brach Feuerbach, wie er im »Vermächtnis« erzählt, »buchstäblich vor Elend und Müdigkeit vor der Staffelei zusammen.« Das war eine Mahnung in letzter Stunde. »Scheffel war zum Schatten geworden und konnte nicht mehr arbeiten. Ich hielt etwas länger stand. Endlich ging es aber auch nicht mehr.« So beschlossen sie Ende Juli, die Stadt zu verlassen.

Auf der Herfahrt durch das Sarcatal war den beiden das gar malerisch in einem kleinen blauen See hineingebaute, von alten riesigen Zypressen bewachte *Castell Toblino* ungemein einladend erschienen; dorthin flüchteten die beiden Künstler, ohne bestimmt auf Unterkunft rechnen zu können. In diesem alten echt italienischen Schlößchen, auf dessen Weinbergen der köstliche **Vino santo** gedeiht, verlebten sie dann das äußerst romantische Sommeridyll, das Scheffel in wechselnder Stimmung für den »Engeren« schilderte in dem » *Gedenkbuch über stattgehabte Einlagerung auf Castell Toblino im Tridentinischen«,* das in seiner ursprünglichen Fassung erst 1901 aus dem Nachlaß des Dichters veröffentlicht worden ist (s. Bd. 4). Große Abschnitte aus diesem »Gedenkbuch« bearbeitete er aber nach seiner Heimkehr auf Otto Müllers Bitte für das von diesem und Theodor Creizenach herausgegebene » *Frankfurter Museum«,* und diese Kapitel erschienen mit einer besonderen stimmungsvollen Einleitung im Jahrgang 1856 (Nr. 11-13) dieser neugegründeten vornehmen Zeitschrift unter dem Titel » *Aus den Tridentinischen Alpen«,* von wo sie nach Scheffels Tod in den Band seiner »Reisebilder« übergingen.

Das »Tobliner Gedenkbuch« ist das bedeutendste Prosawerk von Scheffels für den »Engeren« entfalteten Humor. Manchmal an Sternes »Empfindsame Reise« anklingend, offenbart es den ganzen Stimmungsreichtum von Scheffels Gemüt und die Meisterschaft seiner komischen Darstellungskunst. Von dem dunklen Hintergrund des furchtbaren Waltens der Cholera in Venedig heben sich Bilder voll Glanz und Pracht italienischer Tal- und Tiroler Hochgebirgslandschaft, liebliche und heitere Abenteuer ab, die den Charakter ganz persönlichen Erlebnisses tragen. Das Phantasiestück »Der See von Toblino«, das 14. der Miniaturkapitel, ist den schönsten Stimmungsmalereien in Heines Reisebildern ebenbürtig. Ein Schleier von Wehmut liegt über dem Stilleben, das doch die Schönheit des Lebens feiert ...»Lebet schön, denn die Welt ist schön!« ... Und am Schluß des Kapitels preist er, was den See so frisch und erquickend mache und vor allem Stagnieren bewahre: » **l'aria tedesca, sorpassata dall'aria italiana«,** die deutsche Luft überflutet von der Italiens.

Das Gedenkbuch ist jedoch ein Fragment und das letzte (20.) der Kapitelchen hat die Überschrift »Von vielem was noch zu erzählen wäre, aber was nicht mehr erzählt werden kann.« Und drinnen steht verzeichnet: »Von dem Poetenwinkel, wo der Meister Josephus die Geschichte von der Irene von Spielberg zuweg bringen wollte. Wie der Meister Josephus stecken blieb und den Herrn Dietrich von Rodenstein nicht einmal bis nach Venedig brachte, wo er die Irene erst kennen lernen sollte.« Und so weiter! So scherzte er, noch im sicheren Glauben, daß ihm das geplante große Werk zur rechten Zeit schon gelingen werde, gerade wie ihm jetzt dies »Gedenkbuch« für den »Engeren« gelungen war, das er für keine »Arbeit« erachtete und das doch beinahe ein ganzes Buch war. Wie mag er im Geiste das Ergötzen der Heidelberger Freunde über die Kunde, daß ein Rodensteiner in dem vom Meister Josephus geplanten Roman eine Rolle spielen solle, damit ein Element deutschen Krafthumors in das venezianische Kulturbild aus der Hochrenaissance hineinkäme, vorausgenossen haben!

Der Gedanke an den »Engeren« begleitete ihn auch nach *Meran.* Ein Zusammentreffen mit Häusser war verabredet. Aber als Scheffel ankam, hatte dieser, der in Begleitung seiner Frau reiste, Meran schon wieder verlassen, wodurch sein Vorhaben, von den mit Häusser geplanten

Fahrten ins Etschland für das »Frankfurter Museum« »heitere Briefe« zu schreiben, vereitelt wurde. Mißmutig floh er die Geselligkeit, die sich ihm in den Kurhotels bot, und es kam nur zu jenem » *Bericht aus Meran*« an den Engeren (s. Bd. 4), der von allerhand einsamen Fahrten auf die Schlösser und Burgen in der Umgebung Merans erzählt und von der famos illustrierten »Chronica«, die der auf Schloß Lebenberg ansässig gewesene, 1852 verstorbene Maler und Dichter Friedrich Lentner aus München in der von ihm zu einem stimmungsvollen Künstlerheim ausgestalteten Burg hinterlassen hatte. Da leitete nach Scheffels Besteigung des Hohen Ifinger eine schlagartige Blutkongestion nach dem Kopf eine Gehirnentzündung ein, die ihn nach der Heimkehr, wie er noch im gleichen Jahr an Schwanitz schrieb, »lange Wochen an den Abgründen einer furchtbaren Melancholie« erhielt. Die Krankheit hatte schon während der ganzen Reise in ihm gespukt. Er suchte nach der Genesung in Briefen an Otto Müller, Schwanitz, Eisenhart, den Hauptgrund zu dem Leiden in der »übermäßigen Arbeit am Ekkehard«, »während welcher er gar nicht unter die Menschen ging, gar keine Erholung hatte.« Auch hat er in dem eingehenden Brief an Schwanitz vom 24. Januar 1857 Diätfehler anderer Art in Betracht gezogen. Der eigentliche Keim zu dem Gehirnleiden, das sich zu einer schweren, Jahre andauernden Melancholie im Sinne der Seelenheilkunde auswuchs, schlummerte aber nach dem Urteil Kußmauls, der den Freund schon damals ärztlich beriet, schon längst in ihm und »hatte nichts mit Bier und Wein zu tun.«

Wie wenig Scheffels Geisteskraft als solche durch die akute Gehirnentzündung gelitten hatte, bewies er, halbgenesen, im Sommer 1856 auf einer mit Eisenhart und einem Freunde desselben, Dr. Hierl, unternommenen Erholungsreise nach *Südfrankreich*.

Gleich im Anfang der Reise, so erzählt Eisenhart in dem von seiner Frau herausgegebenen Buche »Scheffel und seine Familie«, im Schwarzwald und im Elsaß, wußte Scheffel jedem Ort, den sie berührten, eine launige Anekdote oder eine historische Notiz anzuhängen. »Es war erstaunlich, wie wohlbeschlagen er in der Geschichte war.« Die traurigen Eindrücke einer furchtbaren Überschwemmung, die in *Lyon* herrschte, bewirkten jedoch einen Umschlag seiner Stimmung, und die Reisebilder, die er im nächsten Herbst und Winter für die damals gleichfalls neue Zeitschrift »Westermanns Monatshefte« schrieb, » *Ein Gang zur großen Karthause in der Dauphiné*«, » *Avignon*«, » *Ein Tag am Quell von Vaucluse*«, so reizvolle Genrezüge sie enthalten, sind von düsterer Grundstimmung beherrscht. In dem ersteren Aufsatz erzählt er von dem unheimlichen Eindruck, den der nächtliche Gottesdienst in dem Kloster des ewigen Schweigens, der Grande Chartreuse, auf ihn machte: er kam sich vor, »als wäre er selber bald reif für den Weißen Karthäuserhabit.« Zum Überfluß befiel ihn auf der Rückreise, bei *Bordighera*, ein hochgradiges Wechselfieber, bei dessen Anfällen ihn furchtbare Delirien plagten. (Vgl. »Dem Tode nah« in »Gaudeamus«, Bd. 6.)

Heilung von der Malaria suchte und fand er nach der Heimkehr in *Rippoldsau*, wo der wackere Badearzt Dr. Feyerlin sein Vertrauen gewann und die Quelle ihn sympathisch ansprach. Und hier fand er nach einiger Zeit auch seinen Humor wieder. Das schalkhafte behagliche Waldidyll vom Bruder Rippold und der Gründung von Rippoldsau (s. »Gaudeamus«, Bd. 6) spiegelt seine eigene Genesungsfreude wieder.

Er war mit Mutter und Schwester nach Rippoldsau gegangen, und was diese ihm sehnlichst wünschten, hoffnungsfrohes Liebesglück, begann ihm in dem tannenduftigen Schwarzwaldtal zu lächeln. An Marie, die ihn während seines Krankenlagers im Elternhaus als sein guter Engel gepflegt hatte, schloß sich eine junge Straßburgerin an, die Tochter eines reichen elsässer Kaufmanns. Der Dichter verliebte sich in sie und fand Gegenliebe. Als er aber nach der Heimkehr, einer Einladung jenes Herrn folgend, in Straßburg erschien und bei diesem um das Mädchen in aller Form anhielt, sah er seine Bewerbung zurückgewiesen. Den Kaufherrn hatten die Auskünfte über des Freiers materielle Verhältnisse nicht befriedigt. Das Mädchen verhielt sich, wie es dem Melancholiker schien, passiv. In welchen Zorn ihn diese neue Demütigung versetzte, zeigen grell die satirischen Ereiferungen über die »Laura von heute« und das Schicksal, das die moderne Welt dem Dichter, der nicht »wenigstens bürgerlicher Realitätenbesitzer« ist, zuweist, in dem Reisebild »Am Quell von Vaucluse«, das von Petrarcas glänzendem Dichterlos handelt. Auch in dem Romanzenzyklus »Magnus vom finstern Grund« (s. Bd. 6 »Frau Aventiure«) schwelt dieser Groll nach.

Die neue schwere Herzensenttäuschung und Demütigung wurde ihm aber auch zum Ansporn, sich um eine feste literarische Stellung umzutun, die seinen bisherigen Erfolgen als Dichter entspräche. Er durfte hoffen sie in *München* unter der Ägide des Königs *Maximilian II.* zu finden, unter der sich damals ja ein ganzer Kreis von Dichtern zusammengeschart hatte, zu dem Emanuel *Geibel*, Paul *Heyse*, Hermann *Lingg*, Franz *v. Kobell*, W. H. *Riehl*, Felix *Dahn*, Jul. *Grosse*, Fr. *Bodenstedt* gehörten, lauter hervorragende Dichter, die im Verein der »Krokodile« einen sehr anregenden Verkehr hatten. Schon im Anfang des Jahres 1856 hatte ihm aus München Paul Heyse geschrieben, daß man sich dort für ihn interessiere und ihm wohl demnächst eine Stelle anbieten werde. Der Dichter des »Ekkehard«, mit Ludwig Steub schon längst befreundet, fand bei den »Krokodilen« wie bei seinen alten Bekannten in der Künstlerschaft, bei Moritz Schwind, Feodor Dietz, Robert Vischer u. a., die herzlichste Aufnahme. Eisenhart, nunmehr Stadtgerichtsassessor in München, hatte sich mit der Tochter des gemütlich-geistreichen Dichters, Mineralogen und Gemsenjägers Franz v. *Kobell* verlobt, was dem Freunde dessen Haus öffnete.

Scheffel hielt sich für geheilt. Auch die gesuchte Stelle bot sich ihm. König Max hatte kurz vorher das große literarische Unternehmen » *Bavaria*« angeregt und die Oberleitung dem Professor Riehl übertragen. Dieser fand sich bald in der Lage, Scheffel einzuladen, sich an dem Unternehmen als Redakteur und Mitarbeiter zu beteiligen, und Scheffel sagte zu. Auch die Mitarbeit an den »Fliegenden Blättern« nahm er wieder auf; der Maler Eduard *Ille* illustrierte für diese die »Altassyrische Ballade« (»Im schwarzen Walfisch«), »Des Kometen Jammer«, »Das wilde Heer« mit großem Erfolg. Scheffels Hauptvorhaben aber war, nun ernstlich an den Tizian-Roman zu gehen. Dies sagte er auch dem König, als dieser ihn in einer Audienz empfing. Schon hatte er in der Staatsbibliothek, der gegenüber er in der Ludwigsstraße wohnte, die Studien dafür aufgenommen, da regte sich in ihm das Verlangen, seine Schwester, das Vorbild für die Irene von Spielberg, bei sich zu haben; er wollte sie teilnehmen lassen an all der künstlerisch gehobenen Geselligkeit, die sich ihm darbot. Ein großartiges Künstlerfest war in Sicht. Die lebenslustige farbenprächtige Rubenszeit sollte erstehen. Er wurde in den Strudel der Vorbereitungen durch seine Freunde gezogen und lud Marie ein, auf einige Wochen zu ihm zu kommen und das Fest mitzumachen. Sie kam. Die Geschwister besuchten Galerien und Museen, Freunde und Bekannte, die Kostüme eines vlämischen Bauernpaars wurden für den Rubensball ausgesucht, eine Partie nach Starnberg mit Eisenharts unternommen. Am Vorabend des Künstlerballes, am 13. Februar, fühlte sich Marie so unwohl, daß sie sich zu Bett legen mußte. Der damals noch in München grassierende Typhus brach bei ihr aus. Was ärztliche Hilfe vermochte, geschah, die Eltern wurden telegraphisch herbeigerufen, das liebe, schöne Mädchen erlag – zwei Tage nachdem Joseph seinen 31. Geburtstag unter verzweiflungsvoller Spannung verlebt hatte – der schrecklichen Krankheit! Das Wiedersehen Josephs mit den Eltern war furchtbar. Der Ärmste peinigte sich mit Selbstvorwürfen, durch seine Einladung schuld an dem Unglück zu sein. Gebrochen an Leib und Seele kehrte er mit der Mutter über Stuttgart nach Karlsruhe zurück, während sein Vater und Karl Klose dem Sarg mit der Toten dorthin das Geleite gaben. (Vgl. »Louise v. Kobell, J. V. v. Scheffel und seine Familie«.)

Wer entsetzliche Verlust brachte den Dichter um allen Gewinn dieser Genesungs- und Aufschwungszeit. Die poetischen Pläne, die das liebliche Bild Mariens zum Mittelpunkt hatten, mochte er nun nicht fortführen. Aber die Trauer um die Tote drückte ihm dennoch die Feder in die Hand. Während der Bildhauer Knoll in München Mariens Antlitz in Ton modellierte, während in Karlsruhe eine kunstbegabte Freundin der Verstorbenen, Sascha von Berkholz, demselben im Bilde die Farben des Lebens lieh, während später die Nachricht vom Tode der Holden den Maler Feuerbach zu seiner »Iphigenie auf Tauris« begeisterte, verdichtete sich der Schmerz des Bruders zu einem poetischen Bilde. Die kleine Erzählung » *Hugideo*« entstand.

Die Vorstellung von dem Einsiedler in der Höhle des Isteiner Klotzes, der die Tage verbringt im schweigsamen Anschauen der schneeweißen Marmorbüste seiner verlornen Geliebten Benigna Serena, erwuchs ihm aus der eigenen Empfindungswelt. Ein Besuch, den er auf der Heimkehr aus Südfrankreich in Säckingen abgestattet hatte, ein im jetzt Basler Gebiet der alten Römerstadt Augusta Rauracorum gemachter archäologischer Fund hatten ihm den historischen Stoff für die »alte Geschichte« geliefert. Wie der tragische Ausgang der Erzählung beweist, war an der Erfindung aber auch wieder »verschmähter Liebe Pein« beteiligt. Benigna Serena ist nicht die Schwester Hugideos. Das kleine, wunderbar objektiv gehaltene, auf jeden Ausschmuck verzichtende, gleichsam Grau in Grau gemalte epische Miniaturbild erschien noch im selben Jahre (1857) in Westermanns »Monatsheften«, als Buch aber erst 1883.

Zwei ergreifende Gedichte aus dem Nachlaß tragen die Überschrift »Maria«; sie sind im Sommer 1857 auf einer Erholungsreise nach *Nordfrankreich* am Ufer der normannischen Seeküste entstanden, wo der Dichter zur Kräftigung seiner Gesundheit Seebäder nahm. Bei seinen Verwandten in *Paris* fand er auf dieser Reise nach *Etretat* viel warme Teilnahme.

Im Herbst dieses Jahres entschloß sich der Gemütskranke, nach einer anregenden Wanderfahrt mit Riehl an die schönsten Stätten des Rheingaus in seinem geliebten *Alt Heidelberg* das Winterquartier zu beziehen. Längst war er mit Sehnsucht und Spannung von den Freunden im »Engeren« erwartet (vgl. »Der Pfarr' von Aßmannshausen sprach«, »Heimkehr« in »Gaudeamus«; Scheffel hatte hier den Pfarrer von Ziegelhausen nach dem Orte versetzt, wo dessen Lieblingswein herkam). Er sah sich mit einem Jubel empfangen, der später in dem Liebe »Der Heini von Steier ist wieder im Land« nachhallte. Julius Braun, dessen Entwicklungsgeschichte der alten Kunst 1856 in ihrem ersten Teile erschienen war, lebte jetzt wieder als Dozent in Heidelberg und stand im Begriff, sich mit *Rosalie Artaria*, der älteren Tochter des Mannheimer Kunsthändlers Stephan Artaria zu verloben, dessen Witwe mit den Töchtern und einer Schwester, der lebenslustigen, literarisch sehr gebildeten Witwe des Mannheimer Schauspielers Thürnagel, in Weinheim an der Bergstraße ein Landhaus bewohnte, im Winter aber, der jungen Töchter wegen, viel in Heidelberg war. In dieser Familie und ihrem Kreise, zu dem auch Anselm Feuerbach und seine Mutter gehörten, fand der Dichter ebenfalls eine sehr freundliche Aufnahme. Frau *Julie Thürnagel*, die »Juletante« (vgl. den Aufsatz von R. Artaria »Gartenlaube« 1886), wußte auch die hafisische Seite von Scheffels Poesie zu schätzen, und sie war es, die ihn jetzt auf *Hariri*, den Hafis der Araber, aufmerksam machte, dessen von Rückert übersetzte »Makamen« er noch nicht kannte. Dort findet sich der Wein als »der Glättstein des Trübsinns, der Wetzstein des Stumpfsinns« gepriesen. So vereinigte sich alles, um in Scheffel die Erinnerung an die fröhliche Frankonenzeit wachzurufen, die ihm gerade vor zehn Jahren das Lied vom Perkeo entlockt hatte. Im »Engeren« hatte die Nummer der »Fliegenden Blätter« mit Illes köstlicher Illustration zu dem Lied von des Rodensteiners »wilder Jagd« Furore gemacht. Scheffel, der diesmal bei dem Geologen Geheimrat Leonhard am Klingentor wohnte, fühlte sich durch diese Eindrücke und einen erneuten Besuch der Geisterburg im Odenwald angeregt, wie er an Ille schrieb, »den Rodenstein zu einer typischen Gestalt zu machen«, und der durstige Ritter wurde durch die nun entstehenden Lieder von der » *Drei-Dörfer-Vertrinkung*« zu einer solchen, die seitdem an Popularität mit Shakespeares »Falstaff« wetteifert. In der Zehfußschen Schrift »Die Herren von Rodenstein« war ihm aufgefallen, daß einer der Herren seinen reichen Länderbesitz hatte verpfänden müssen, das Dorf Pfaffenbeerfurt aber dem Stifte Heidelberg vermacht hatte. Das wurde das Motiv zur Dichtung. Zu Heidelberg, wo Scheffel einst selbst im »Hirschen« voll Jugendseligkeit kommersiert hatte, mußte jener zechlustige Rodensteiner seinen Besitz verkneipt haben! Damit war der Anfang gegeben. Aber des Ritters Durst, der »größte, schönste Durst der Pfalz«, hatte früh »in Ruhstand sinken« müssen; Pfaffenbeerfurt hatte er nicht mehr vertrinken können! So ergab sich die heitere Pointe, daß der gewaltige Zecher jenes Dorf der Hochschule Heidelberg, seinen Durst aber »den Herrn Studenten« vermacht. Das war eine so liebenswürdige Blüte von Scheffels Humor, daß sie allein schon die Beliebtheit der Lieder begreiflich macht, die sie sofort in der Studentenwelt fanden. Im Schicksal des Rodensteiners spiegelte Scheffel ins Groteskgroße sein eigenes Mißgeschick, das ihn früh zu einem »zahmen Gast« im Zecherkreise gemacht hatte. Eine Verherrlichung des Trinkens ist der Balladenzyklus gewiß nicht; die drei prächtigen Genreszenen stellen ja, freilich ohne eine Spur von Philistrosität, die üblen Folgen üppigen Zechertums dar. Aber der famose Liederzyklus bildet wie den Abschluß so auch die Krone von Scheffels »feuchtfröhlicher« Dichtung, die der »Genius Loci Heidelbergs« ihm eingab. (Vgl. auch Lorentzen, »Die Sage vom Rodensteiner« S. 49 u. f.)

Der September 1857 sah aber auch unsern Dichter als Gast auf der *Wartburg*, die er seit dem Burschen-Pfingstfest im Jahre 1848 nicht wieder betreten hatte. Dieser neue Besuch auf der alten Thüringer Landgrafenburg, die der katholischen Welt durch die heilige Elisabeth, der protestantischen Welt durch Luther gleich teuer ist, bedeutet eine folgenreiche Wendung in Scheffels Leben.

Der kunstsinnige Großherzog *Karl Alexander* von Sachsen-Weimar-Eisenach, der das alte Schloß seiner Ahnen mit historischer Treue und reicher künstlerischer Ausschmückung hatte neuherstellen lassen, trug nun, da das Werk dem Abschluß entgegenging, das Verlangen, neben der romantischen Oper Richard Wagners vom *Sängerkrieg auf der Wartburg* eine poetische Darstellung jener Begebenheit von historischer Echtheit entstehen zu sehen. Er hatte Scheffels »Ekkehard« mit Entzücken gelesen und der Autor erschien ihm wie berufen zur Erfüllung seines Wunsches. Durch den Kommandanten der Wartburg, den kunstsinnigen Major Bernhard v. *Arnswald*, der, wie wir sahen, durch Schwanitz dem Dichter näher bekannt geworden war, ließ er diesen nach Weimar einladen, und noch im November dieses Jahres nahm er ihm im Sängersaal der Wartburg vor dem Gemälde *Schwind*'s vom Sängerkrieg das Versprechen ab, einen kulturhistorischen Roman zu schreiben, der das Minnesängerleben am Hofe des Landgrafen Hermann ebenso treu schildern füllte, wie im »Ekkehard« das Leben am Hofe der Herzogin Hadwig auf dem Hohen Twiel geschildert ist. Scheffel, der sich nach einer Ablenkung von den Erinnerungen an die Katastrophen der letzten Jahre sehnte, versprach es. Wie die Aufgabe ihn anlockte, zu welchen ausgreifenden historischen Forschungen er sich durch sie veranlaßt sah, ist von ihm in Kürze in der stimmungsvollen Vorrede zu »Frau Aventiure« und mit näherem Eingehen auf die dabei verfolgten Probleme in den Anmerkungen zu diesen »Liedern aus Heinrich von Ofterdingens Zeit« dargelegt worden. Welchem verhängnisvollen Irrtum er bei Übernahme der verlockenden Aufgabe andrerseits unterlag, und wie ihn sein Gemütsleiden hinderte, dieselbe trotz umfassender Vorarbeiten in der geplanten Weise zu lösen, das habe ich zuerst in meiner größeren Biographie unter Mitteilung und Benutzung der vielen schönen Briefe nachweisen können, die Scheffel während all der Zeit an den Großherzog von Weimar und Bernhard v. Arnswald geschrieben hat.

Die von ihm zu bietende Schilderung der Persönlichkeiten des Sängerkriegs, ihrer Sitten und Lebensgewohnheiten, sollte in dem geplanten Roman aus der Blütezeit des deutschen Helden- und Minnesangs ebenso echt im Zeitkolorit, so »naturgetreu« werden, wie es das Kulturkolorit im »Ekkehard« war. Doch wie anders, wie verwickelt waren hier die Voraussetzungen! Dort wuchs die ganze Handlung aus den früheren Zuständen seiner alemannischen Ahnenheimat hervor. Der neue Stoff wies ihn nach Thüringen, nach Franken, der Heimat Wolframs von Eschenbach, nach der österreichischen Heimat des Ofterdingers an Donau und Traunsee u. s. w. Mit dem Leben und Wesen der ritterlichen Minnesänger, der Kreuzfahrer, der fahrenden Spielleute, dem Hofhalt auf der Wartburg verband ihn keine Familienüberlieferung. Kein so unmittelbar und naiv das damalige Leben schilderndes Chronikbuch bot seiner Phantasie jetzt die Hilfe dar, die ihm beim »Ekkehard« die **Casus Sancti Galli** geleistet hatten. Er war sich des Unterschieds bei der Abgabe jenes Versprechens nicht klar und mochte die **Annales Reinhardsbrunnenses**, das alte Gedicht »Die Thüringer vor Accon« für ergiebigere Ergänzungen des alten unklaren Gedichts vom Wartburgkrieg aus dem 13. Jahrhundert halten, als sie es tatsächlich waren. Wie er im September eine Reise durch den Thüringer Wald benutzt hatte, um auf seine Weise das dortige Volkstum zu studieren, das spiegelt gar anmutend sein Brief vom 19. März 1858 an Schwanitz.

Zur Entschließung, den gewünschten Roman zu schreiben, wurde er nicht wenig durch den Umstand ermutigt, daß er kurz vorher die ihm angetragene Stelle eines Bibliothekars der Fürstlich Fürstenbergischen Bibliothek in *Donaueschingen* vorläufig für ein Jahr angenommen hatte. Seine Hauptaufgabe sollte hier sein, die vom Fürsten *Karl Egon von Fürstenberg* für diese Bibliothek erworbene große Sammlung altdeutscher Dichtungen aus dem Nachlaß des berühmten Germanisten Joseph v. Laßberg, der 1855 auf Schloß Meersburg verstorben war, zu ordnen und zu katalogisieren. In dieser Sammlung fand er das beste Material, das er sich für die Vorstudien zum Wartburgroman wünschen konnte, beisammen.

Am 1. Dezember 1857 rückte Scheffel in die Stadt an den Quellen des Donaustroms ein, und damit faßte er wieder festen Fuß in dem Heimatland der Großmutter Krederer. Er fand beim Fürsten und der Fürstin *Elisabeth*, den Hofbeamten und Honoratioren, unter denen der Landstand *Kirsner* ihm unverwandt war und der Musikdirektor *Kalliwoda* die Kunst vertrat, die freundlichste Aufnahme. Für ein paar größere Hoffestlichkeiten hatte er sich als Festdichter zu bewähren.

Donaueschingen liegt beinahe gleich weit von *Oberndorf* wie vom *Hohentwiel*, und als der Frühling ins Land kam, war für seine Phantasie der Zauber dieser Landschaft weit mächtiger als die alten Pergamente aus dem 13. Jahrhundert, soweit sie nicht, wie die Handschrift des Nibelungenlieds und so manche Liedersammlung, echte, ihn wahrhaft anziehende Poesie boten. Die auf ihm lastende Melancholie, neuerdings genährt durch ein Wiedersehen mit Emma Mackenrodt, deren Mann in *Emmendingen* bei Freiburg, also nicht gar weit von Donaueschingen, eine Kartonagefabrik betrieb, suchte in der freien Natur Trost und Heilung. Das Wiedersehen war in *Freiburg* im Hause von Emmas Vater erfolgt und hatte den Dichter in große Erregung versetzt. Bis an den Bodensee, an den Rheinfall bei Schaffhausen, ins Gebiet der Quellen des Neckars erstreckten sich seine Wanderungen. Die alte Streitfrage, ob der ummauerte Donauquell im Donaueschinger Schloßhof, die Quellen im Ried von Allmendshofen oder die Flüßlein Brigach und Breg Anspruch auf die Ehre haben, des Donauquells echter Ursprung zu sein, weckte sein reges Interesse. Das alte »Donauprotokoll« in der Hofbibliothek mit Einträgen von solchen Gästen der Fürstenbergischen Herrschaft, die einst alter Sitte gemäß beim Besuch des Stromquells den »Willekomm« tranken, gemahnte ihn an das Gesellenbuch seines Ahnen, des Schloßhauptmanns auf der Küssachburg. Zu Pfingsten traf er sich mit dem Züricher Maler Corrodi und Ludwig Eichrodt, der jetzt in *Stockach* amtierte, auf dem Hohentwiel. Stockach war zur Zeit der Nellenburger Herrschaft die Hauptstadt der Hegauer Landschaft gewesen und weit zurück reichte der Ursprung des sogenannten »Narrengerichts«, eines Stockacher Faschingbrauchs, in dessen Dienst Eichrodt jetzt seine humoristische Muse gestellt hatte. Wie einst die Trümmer des Hohentwiels, durchforschte er ferner die Burgruinen der wildromantischen Taler der Gutach, Wutach, Brigach und Gauchach. Auch auf den von Wachholder dicht überwachsenen *Neuenhewen* mit dem Stettener Schlößchen bei Engen, auf die Feste *Blumenegg* beim Lindenwirtshaus von Achdorf und in die Ruinen der Stammburg derer von *Urslingen* bei Oberndorf gelangte er so. Von ganz besonderer Bedeutung wurde ihm die alte Benediktinerabtei *Rheinau*, auf der unterhalb des Rheinfalls gelegenen Insel. In den Zeiten, die er jetzt erforschte, war hier – wie einst in St. Gallen – eine hochgeschätzte Klosterschule gewesen und die Bücherei der ihn gastlich aufnehmenden Patres enthielt wertvolle Handschriften aus dem 12. und 13. Jahrhundert. Von seiner guten Laune bei solchen Wanderfahrten zeugt die Epistel an den »Engeren« über die Strafe, die er in Rheinau erleiden mußte, nachdem die Patres »den Ekkehard gelesen« (s. Bd. 4). Für allzu ernsthafte Leser, welchen Wesen und Walten solch schalkhaften Humors zur Ergötzung gleichgesinnter Freunde etwas Ungeläufiges ist, sei bemerkt, daß die dort erzählte Entziehung des famosen Rheinauer Schlaftrunks nur ein lustig Spiel fröhlicher Phantasie war, wie aus einem späteren Brief Scheffels an Arnswald hervorgeht (s. mein Buch »Scheffels Leben und Dichten«).

Das Kloster Rheinau bevölkerte sich ihm im Geiste mit Schülern, den Söhnen schwäbischer Ritter und Vögte auf den Schlössern der Gegend. Ein Mädchenname, Ruchtrut von Almishofen, den eine Sage in Verbindung mit einer der Donauquellen nennt, weckte in ihm die Gestalt einer stolzen Schönen, die zwei dieser Klosterschüler zur Flucht aus dem Kloster und zur Lust am ritterlichen Wesen entflammt, ohne doch einem der beiden Gegenliebe zu schenken, während sie einem gezierten Vertreter der hövischen Sitte den Vorzug gibt. Das Rauschen des Rheinfalls bei Schaffhausen und der Anblick der hier wild an den Felsen berstenden, hochaufschäumend sich überstürzenden Fluten des Rheins fügte zu diesen Vorstellungen des Melancholischen das kühne Bild eines Zweikampfs auf Leben und Tod zwischen den eifersüchtigen Junkern, einer Wettfahrt die Fluten des Rheinfalls hinab. Und wie seinem Ekkehard lieh er auch dem sangesfrohen Klosterschüler Gottfried von Hewen, dem er wegen seiner Vorliebe für den Wachholder des Hewenbergs den Namen *Juniperus* gab, Züge des eigenen Wesens, so den unruhigen Wandertrieb bei innigster Liebe zur Heimat. Auch daß er den Gottfried ein Lied zum Preise des Wutachtals, der Linde zu Achdorf und der Tochter des Wirts, des Gretleins, dichten ließ, lateinisch nach Klosterschülerart, war ein solcher Zug.

Er hatte sich ausgedacht, den Anfang des Wartburgromans ins Feldlager der Kreuzfahrer vor Akkon zu verlegen, die Landgraf Ludwig der Milde von Thüringen, der Vorgänger und Bruder Hermanns, nach Syrien geführt hat, denn durch die Kreuzzüge hatte erst die deutsche Kultur jene höheren Impulse erhalten, die zur ersten Blüte unserer Nationalliteratur im 12. Jahrhundert geführt haben. Das Studium von Wilkens »Geschichte der Kreuzzüge« genügte ihm aber nicht; seine Phantasie verlangte nach genauer Anschauung der damaligen Trachten u. s. w. So benutzte er seinen Sommerurlaub zu einer Fahrt nach *Paris*, wo einst Landgraf Hermann am Hofe Ludwigs VII. seine Jugend verbracht und sich für die Pflege der ritterlichen Dichtkunst begeistert hatte. Dort befand sich auch die kostbare Manessesche Liederhandschrift, deren farbige Kostümbilder damals nur teilweise zur Veröffentlichung gelangt waren. Einer der Verwandten seiner Familie, der Gatte von Frida Stolz, Herr Cadou, war als Beamter der Pariser Polizeipräfektur in der Lage, dem emsigen deutschen Forscher nützlich zu sein. Ein Besuch der alten Städte in den *Niederlanden* folgte; in Brügge widmete er den Gemälden Hans Memlings eingehendes Studium. Nach der Rückkehr suchte er Ruhe und Erholung in *Rippoldsau*. Wie ihn dort wieder die Melancholie beherrschte, bezeugt das schwermutschöne Widmungsgedicht zu der inzwischen nötig gewordenen 2. Auflage des »Trompeter von Säkkingen.« Erfrischt und erholt kehrte er nach Donaueschingen zurück, bereit mit der Niederschrift der großen Wartburg-Dichtung anzufangen. Statt eines eigentlichen Romans wollte er eine chronikartige Sammlung von Geschichten schaffen, die scheinbar ein Reinhardsbrunner Mönch niederschrieb, der Zeuge des Sängerkriegs auf der Wartburg gewesen war. In seinen Briefen an Arnswald nannte er den Cyklus die »Geschichten der Viola«, womit auf die Schöne hingewiesen wurde, an die der Ofterdinger in Thüringen sein Herz verlieren sollte.

Dem neuen Plan entsprach die Einkleidung der kleinen Erzählung, die den Titel » *Geschichte des Schwaben Juniperus*« (s. Bd. 3) erhielt, als Scheffel sie im Herbst 1859 dem Großherzog von Weimar auf der Wartburg vorlas. Diese erste der Geschichten konnte Scheffel erst ausarbeiten, als er Donaueschingen verlassen und dort das Werk »Die Handschriften altdeutscher Dichtungen der Fürstlich Fürstenbergischen Hofbibliothek in Donaueschingen. Geordnet und beschrieben von J. Vict. Scheffel« vollendet hatte. Es geschah im Mai 1859 in seiner grünen Stube im Elternhaus, wo er sich aber durch den Ausbruch des Kriegs zwischen Frankreich-Sardinien und Österreich auf das peinlichste überrascht sah. Beabsichtigte er doch, wegen nötiger Studien für sein Werk nach Beendigung der Juniperusgeschichte eine Reise über Passau die *Donau hinauf* nach Wien, Preßburg, zu unternehmen.

Ein herrliches Motiv hatte er, zurückgreifend auf die Episode von der Entstehung des Nibelungenlieds durch den Schreiber *Konrad von Alzey* am Hof des Bischofs Pilgrim von Passau im »Ekkehard« (Kap. 25) für seinen Haupthelden, *Heinrich von Ofterdingen*, ersonnen. Der »tanzreigenkundige« Ofterdinger, der Verfasser des Sangs vom Zwergkönig Laurin und seinem Rosengarten in Tirol, erschien ihm im Sängerkrieg als Vertreter der volkstümlich deutschen Poesie mit heimatlicher Stoffwelt gegenüber der hövischen, nach französischen Mustern schaffenden Poesie, die vor allen Wolfram von Eschenbach, der Autor des Parzival, vertrat. Scheffel hatte nun geplant, der aus *Österreich*, dem »freudigen Osterland«, stammende Ofterdinger sollte in einem ersten Sängerkampf vor Landgraf Hermann von Meister Wolfram ausgestochen werden; dann aber sollte er, von seinem Genius geleitet, zum Sänger des *deutschen* Nibelungenlieds werden, auf Grund des älteren lateinischen vom »Schreiber Konrad«, das er zufällig in Passau entdeckt. Als süddeutscher Dichter den einst nordischen, dann an Rhein und Donau lokalisierten Stoff neugestaltend, sollte also in Scheffels Wartburgdichtung der Ofterdinger die schöne Mission einer künstlerischen Versöhnung des alten Gegensatzes von Nord und Süd im Deutschtum erfüllen.

Um diese wahrhaft geniale zeitgemäße Idee auszuführen, glaubte Scheffel aber erst ganz heimisch in des Ofterdingers Heimat werden zu müssen. Trotz des ausgebrochenen Kriegs, der sich freilich, was allgemein bezweifelt worden war, auf Oberitalien beschränkte, trat er Anfang Juni die geplante Reise an. Zuerst gings in die Schwäbische Alb, wo er die Staufengräber des Klosters Lorch besuchte und den *Hohenstaufen* bestieg. Am Tage der Schlacht bei Magenta, in der sein Freund Karl Klose als österreichischer Hauptmann mitkämpfte, war er in Passau. Er besuchte die Orte an der Donau, die das Nibelungenlied nennt, das alte Stift Melk, Bechlaren (Pöchlarn) u. s. w., auch Wien, gab aber, unfähig, in dieser Kriegszeit seinen Reiseplan auszuführen, die weitere Fahrt noch im gleichen Monat auf. »Ein Land, das leidet, soll man nicht als Tourist durchstreifen,« schrieb er an Arnswald.

Um so ergiebiger war dann eine lange Wanderfahrt, die ihn von *Nürnberg*, wo das seit 1852 bestehende, von Hans v. Aufseß gegründete Germanische Museum besucht ward, nach Bamberg und Würzburg, den alten geistlichen Hochschulen und Bischofssitzen des *Frankenlands*, in die Heimat Wolframs von Eschenbach und weiter in den Thüringer Wald nach Reinhardsbrunn, Friedrichroda, auf den Inselsberg brachte.

Die poetischen Ergebnisse waren aber nicht epischer, sondern *lyrischer* Art. Überall, wo eine interessante Örtlichkeit in Zusammenhang mit seiner poetischen Vorstellungswelt trat, regte sich in ihm der Drang, diese Beziehung in kurzer Romanzenform zu gestalten. Wie er schon in den »Juniperus« das Gedicht » **Laetitia silvestris**« als von Gottfried von Hewen verfaßt, eingeflochten, wie er einst für den »Trompeter von Säkkingen« die Lieder Jung Werners und des Stillen Mannes gedichtet hatte, so legte er es jetzt darauf an, die einzelnen noch ungeschriebenen Geschichten der Chronik vom Sängerkrieg im voraus mit Gedichten auszustatten. Was seine eigene Seele empfand beim Nadelduftanhauch des Thüringer Waldes, beim Beschreiten des Rennstiegs, beim Verweilen am Grabmal des Landgrafen Ludwig, es quoll auf zum Lied, und verschmolz sich bei der Gestaltung mit der Ausdrucksweise und Empfindungsart der Personen, denen er ähnliche Situationen nachempfand. So ist ein Teil der Liederzyklen »Wolfram von Eschenbach«, »Reinmar der Alte«, »Biterolf«, »Der Vogt von Tenneberg« in »Frau Aventiure« (s. Bd. 6) entstanden. Sein eigenes Leben glich jetzt dem eines von Fürstenhof zu Fürstenhof ziehenden Sängers der Vorzeit. Was er den die Stiraburg verlassenden, die Wartburg aufsuchenden Ofterdinger als Abschiedsgruß in den Mund legte, war seit er den Fürstenbergischen Hof in Donaueschingen verlassen, sein eigen Empfinden. Eine lange, seiner Gesundheit gar heilsame Station machte er im »Land der Franken« beim Gastwirt Schooner auf Schloß *Banz*, der einstigen Benediktinerabtei des Mainlands.

Den fahrenden Schülern, jenem lebensfrischen Element, das im Zeitalter der Hohenstaufen eine vermittelnde Rolle zwischen der lateinischen Klosterwissenschaft und der nach Frankreich schielenden höfischen Kunstpflege gebildet hatte, war in der Wartburgdichtung eine bedeutsame Rolle zugedacht. Die alten Freunde seiner Jugendträume sollten ihr lustiges Tirilieren, ihre weltfrohen Spottlieder auch in das Hoflager des Landgrafen Hermann hineinklingen lassen. Der Zyklus » **Exodus cantorum.** Bambergischer Domchorknaben Sängerfahrt«, dessen erste Nummer »Nun treibt der Frühling Blatt um Blatt und füllt die Welt mit Wonnen« ein beliebtes Studentenlied wurde, entsproßte dieser Absicht. (S. Bd. 6, Frau Aventiure.) In Donaueschingen war ihm der von Schmeller herausgegebene Band alter lateinisch-deutscher Schülerlieder, der **Carmina burana**, zur Lieblingslektüre geworden. Aus der Seele eines fahrenden Scholaren des Mittelalters jubelte er in fröhlichster Wanderlust und im Gedenken an die Tage, da er als Student mit Braun und Stetten durchs Frankenland nach Thüringen gezogen, beim Besuch des Staffelbergs am Main sein unsterbliches »Wanderlied« in die Lüfte, das seitdem Millionen von Wanderern lustbeschwingt ihm nachgesungen haben: »Wohlauf, die Luft geht frisch und rein, Wer lange sitzt, muß rosten!« (S. Bd. 6, Gaudeamus.) Auf Schloß Banz, das einem Mitglied des bayrischen Königshauses gehörte, empfing er auch die Anregung zu dem »Waldpsalm« und dem humorvollen Genesungsgedicht vom Kampf mit den Mücken des Mönchs Nikodemus, sowie durch die Riesensaurier, die im dortigen Lias beim Bau einer Straße einst ausgegraben wurden, das Motiv zu dem »Bericht vom Meerdrachen« eben dieses Mönches. (S. Frau Aventiure.) Da konnte sich seine Phantasie zum Besten des »Engeren« wieder einmal in der »Saurierei« erlustieren. Anfang September zog er dann endlich auf der Wartburg ein, wo er bis in den November Gast des ihm sehr huldvollen Burgherrn blieb. In das Gastalbum trug er hier, wo er auch von seiten der Großherzogin Sophie freundliche Aufmunterung erfuhr, bald nach der Ankunft das stimmungsschöne Gedicht »Wartburg-Dämmerung« und vor dem Aufbruch das in »Frau Aventiure« »Wartburg-Abschied« benannte Gedicht ein. Das stimmungsvolle lyrische Kulturbild »Wolfram von Eschenbach dem Landgrafen Hermann den Parzival überreichend« versetzt uns auch auf die Wartburg.

In dieser freien Weise auf der Grundlage seiner Studien für das große erzählende Werk vom Wartburgkrieg sind im nächsten Jahre auch die » *Bergpsalmen*« seiner Dichterseele entquollen. Dies aber geschah leider, wie der vorwiegend düstere Charakter dieser lyrisch-epischen Dichtung erhabenen Stiles verrät, in einem Zustand tiefster Gemütsdepression.

Jetzt waren es wieder peinigende Herzenswirren, die seiner Melancholie neue Nahrung boten. Seit dem Wiedersehen mit Emma Mackenrodt, zu dem diese ihn um Ostern 1858 nach Freiburg eingeladen hatte, wo sie ohne ihren Mann bei ihrem Vater weilte, war ihm bekannt, daß sie sich in ihrer Ehe unglücklich fühle, daß sie bereue, nicht die Seine geworden zu sein. Schon die Einladung hatte sein Herz in einen Wirbelsturm der Leidenschaft versetzt, wie das glutvolle Gedicht »Wiedersehen« (s. »Nachgelassene Dichtungen«) bezeugt. Beim Wiedersehen selbst kam es zu einer Aussprache. Aber gleich darauf überkam ihn auch das Bewußtsein von dem, was er nach seinen Grundsätzen und denen des Elternhauses dem Seelenfrieden Emmas schuldig war. Er versuchte sie zu meiden. Die ihn in Donaueschingen beherrschende Melancholie sah in dem neuen Verhältnis zu dem ihn dämonisch anziehenden Weibe nur das Demütigende. »Juniperus« war unter dem Druck dieser Stimmung entstanden. Während der Wanderlust des folgenden Sommers hatte er es über sich vermocht, von der Höhe des Inselsbergs einen harmlos klingenden Gruß in heiteren Strophen nach Emmendingen zu senden. Jetzt, im Fasching 1860, erhielt er nach *Zell*, wo die Cousine bei Freunden ihrer Eltern zu Besuch war, von seiten der letztern eine Einladung, Emmas 25. Geburtstag dort mitfeiern zu helfen. Er schrieb darauf aus Baden-Baden, wo er gerade weilte, an diese in desperatester Stimmung, daß es ihm doch zu den »seltsamsten Prachtgedanken« gehöre, »itzt auf der Biberacher Straße als gratulationssehnsüchtiger Jüngling« mitten im Winter einherzuschreiten. »Ich erinnere mich, daß wir einst einen Bergspaziergang zusammen machten, nach welchem mit Grund zu sagen war: No, aber bei *dem* Regen! – Wenn ich jetzo gen Zell aufbräche, würde jene Erinnerung durch ein: No, aber bei *dem* Schnee! gelöscht, und das wäre doch schade!«

Der von dem Gemütsleiden längst in seiner Willenskraft Geschwächte ging aber doch nach Zell und nahm in sehr erregter Stimmung an dem im Hause des Fabrikanten Lenz vorbereiteten Faschingsfest in einem für ihn bereit gehaltenen Rokokokostüm teil. Dieses neue Wiedersehen gab ihm das, bittersten Hohn atmende Gedicht »Irregang« ein, das einen fahrenden Spielmann schildert, der die Braut eines andern liebt und nach dem letzten Kuß von ihr nach dem Aufspielen bei ihrer Hochzeit im Schneesturm untergeht (s. Frau Aventiure).

Doch war es nicht diese Verstimmung, was den Dichter im folgenden März zu einer fluchtähnlichen Reise nach dem stillen Eiland Frauenwörth im *Chiemsee*, und nach längerer Erholung dort hinauf in die Salzburger Alpen trieb. Vielmehr war es außer bestimmten Forschungszwecken in bezug auf die Entstehung des Nibelungenlieds der gescheiterte Versuch, sich durch die Verlobung mit einem jungen schönen Mädchen, das er schon länger kannte, der Schwester jener Rosalie Artaria in Heidelberg, die sich mit Julius Braun verlobt hatte, *Julie Artaria*, von dem Fluch der »Unsegensminne« für Emma zu befreien. Er wußte sich in der Familie gern gesehen; aber es wiederholte sich zu seinem Unglück jetzt der Fall, daß das Herz der von ihm Erkorenen nicht mehr frei war. Durch die lange Winterarbeit hinter den Folianten, die ihm über die politischen Zustände in Bayern, Österreich und am Rhein, die Beziehungen zwischen Passau, Bechlaren einer-, Worms, Speyer und Alzey andrerseits in den Zeiten des Meisters Konradus

Bescheid geben sollten, war sein Kopfleiden wieder ungemein gesteigert, als dieser neue Schlag seinen Stolz traf. Zwei Monate, bis Mitte Mai, blieb er auf dem lieblichen Klostereiland und in der Umgebung des Chiemsees, seine Tage mit Studien zur Geschichte der Chiemgaugrafen, deren Geschlechte der Bischof Pilgrim von Passau angehört hatte, mit einsamen Fahrten im »Einbaum«, mit Zeichnen nach der Natur, mit Fischen und Angeln, mit Wanderungen ins Kaisertal und andere lockende Gebirgstäler verbringend. Hier entstand das wundersam elegische Gedicht »Schweigsam treibt mein morscher Einbaum« mit dem Seelengruß an die Schwester, das er in das Künstler-Album des Frauenwörth-Wirtshauses, angeregt von einer Zeichnung des Wiener Malers Christian Ruben, schrieb. In »Frau Aventiure« ist es unter der Aufschrift »Am Traunsee« dem Ofterdinger zugewiesen. Die »Seebilder« spiegeln treulichst den idyllischen Aufenthalt. Er pries die Heilkraft, die das Ruhen in schöner Naturumgebung ausübt, und mahnte sich zur Geduld: »Still liegen und einsam sich sonnen Ist auch eine tapfere Kunst.« Sein Psalterbuch fahrender Schüler (»Frau Aventiure«) wurde auch sonst noch bereichert. Er hatte festgestellt, welche Bedeutung einst die Benediktinerabtei auf der Herreninsel im Chiemsee, deren alter Bau jetzt einer Brauerei diente, dank ihrer Lage zwischen Salzburg, der glänzenden Erzbischofsstadt, und den Bischofsstädten im heutigen Bayern mit ihren Domschulen zufiel. Im Salzburgischen hatten die Fahrenden Schüler unter Erzbischof Eberhard II. (1200-1249) gute Zeiten gehabt; Scheffel malte sich aus, wie diese liederfrohe Jugend aus Italien, von dortigen Hochschulen über die Alpen kommend, in Herren-Chiemsee Station machte. Nun kam auch die düstere Seite ihrer Lebensart zum Ausdruck, das Flüchtige, Unstete ihres Daseins. Der Verkehr mit einigen, ihm besonders gewogenen Münchner »Krokodilen«, zu denen jetzt auch Wilhelm *Hertz*, der genaue Kenner unserer mittelhochdeutschen Poesie gehörte, wirkte gleichfalls anregend (s. Nachgelassene Dichtungen). Einen Teil der auf der Insel entstandenen Lyrik lieferte er, einer Bitte Geibels entsprechend, diesem für das von ihm und Heyse geplante » *Münchner Dichterbuch*«, das im Frühjahr 1862 im Verlag von A. Kröner in Stuttgart erschien. Für die Feier von *Hebels hundertjährigem Geburtstag* in Schopfheim, zu der er geladen war, dichtete er auf Frauenwörth den einzig schönen »Festgruß«, wobei er sich als Meister im alemannischen Dialekt bewährte (s. Bd. 6, Gaudeamus).

Auf der nun folgenden Reise durch *Salzburg*, das *Salzkammergut* – Eisenhart war wieder sein Begleiter – gelangte er über Mondsee, wo die ehemalige Benediktinerabtei ihn anzog, nach St. *Wolfgang* am Abersee und beim Anblick der alten Einsiedlerhöhle in der Falkensteinschlucht, die zu Meister Konrads Zeit der Bischof Wolfgang von Regensburg fünf Jahre lang bewohnte, erstand ihm die Idee zu den » *Bergpsalmen*« (s. Bd. 5). Bischof Wolfgang hatte sich zur Zeit des Bischofs Pilgrim von Passau um die Verbreitung des Christentums in Ungarn verdient gemacht. Er gehörte dem Geschlecht der Grafen von Nellenburg an, das im frühen Mittelalter den Hegau beherrschte, war also ein Alemanne vom Bodensee!

Die Vorstellung, daß ein mit allen Vorteilen mächtiger Stellung und höchster Bildung ausgestatteter Mann einst inmitten der großartigen Gebirgseinsamkeit hier eine kleine Einsiedelei bezog, ganz wie es Scheffel im »Ekkehard« den weltflüchtigen Lehrer der Herzogin Hadwig hatte tun lassen, packte ihn mächtig. Er versenkte sich in das Seelenleben des »frommen deutschen Mannes«, der aus »Kaiserfehde und Fürstenstreit« wirklich im zehnten Jahrhundert »zur Alpeneinsamkeit« geflohen war. Die ersten Gesänge, die am unmittelbarsten das Gepräge epischer Poesie haben, sind in St. Wolfgang und auf dem Schafberg entstanden. »Landfahriges Herz, in Stürmen geprüft, im Weltkampf erhärtet, und oftmals doch Zerknittert von schämigem Kleinmut« – das war sein eigener Seelenzustand. Der Bezug zur Welt des Nibelungenlieds trat im vierten Gesang, »Nebel«, direkt hervor, wo der Falkenschluchtklausner, der frühere Fürstenberater, in einer daherjagenden Nebelwolke ein Weib auf weißem Roß zu erkennen glaubt, das er einst im fernen Ungarlande, im heidnischen Königshause, gekannt hat.

Nach einer diesmal fruchtbareren Studienreise über *Ischl, Gmunden, Steyer, Kremsmünster* auf der Nibelungen- und Ofterdingerfährte im Traungau und an der Donau, wo die alten Abteien besucht wurden – in der Wachau auch der » **Aggstein**« (s. »Gaudeamus«) – und die Gedichte »Des Meisters Konradus Spur« unter »Heinrich von Ofterdingen« in »Frau Aventiure« entstanden ging der Dichter daheim an die Sichtung und Ordnung des neugewonnenen historischen Stoffes. Er war entzückt von der großartigen Kulturmission, welche Österreich als Bollwerk deutscher Kultur im Osten Europas in jener Werdezeit erfüllt hat; ein ganzer Roman »von des Nibelungenlieds Anfängen« stand ihm vor der Seele, den er der Chronik vom Wartburgkrieg voraussenden wollte; nach einem Besuch von Worms gestalteten sich die Anfangskapitel! Aber neue Aufregungen lenkten ihn ab von der Arbeit. Ein letztes Wiedersehen mit Emma Mackenrodt vor ihrer Abreise nach St. Petersburg, wo ihr Gatte auf Jahre hinaus eine vorteilhafte Stellung angenommen hatte, bewirkte, daß er sich wieder den »Bergpsalmen« zuwandte. Mackenrodts verabschiedeten sich in Karlsruhe.

Es trieb ihn noch im Spätherbst ins Hochgebirg, diesmal nach der Schweiz. Auf dem bereits tief verschneiten *Faulhorn* und auf der Aussichtswarte von *Seelisberg* kam es zum Abschluß der »Bergpsalmen«, die großartigen Hochlandsstimmungsbilder »Nebel« und »Gletscherfahrt« verdanken wir dieser Reise. Voll Todessehnsucht hatte Scheffel im Gedenken an Emma auch unterwegs das in »Frau Aventiure« dem »Einen aus Schwaben« zugeschriebene Abschiedslied »Von Liebe und Leben scheidend« gesungen. Da riß ihn eine neue Einladung ans Hoflager auf der Wartburg aus diesen poetischen Abschweifungen. Er sollte dort, wie ihm Arnswald schrieb, die bisher entstandenen weiteren Abschnitte des Sängerkrieg-Romans vorlesen! Und dabei steckte er mit seiner Arbeit noch immer im 10. Jahrhundert! Er meldete sich außer Stand, zu kommen. Ein Mißverständnis drängte ihm, als er wieder daheim war, die Vorstellung auf, der Großherzog Karl Alexander habe ihn aufgegeben. Da kam die Melancholie des Dichters zu einem kritischen Ausbruch. In der Kuranstalt *Brestenberg* am Hallwyler See im Kanton Aargau fand er seitens des Arztes Dr. Adolf *Erismann* vorzügliche Pflege (vgl. meine ältere Biographie und Frey, »Briefe J. V. v. Scheffels an Schweizer Freunde«). Der von der Krankheit benachrichtigte Großherzog entband den Dichter in freundlichster Form von der Aufgabe, die diesem so gegen alles Vermuten zum Verhängnis geworden war. Schnell besserte sich des Leidenden Zustand. Am 1. Januar 1861 dankte er dem Großherzog. » *Ganz* aufgeben,« schrieb er in dem Briefe, »kann ich aber die Gestalten meiner Träume und die Arbeit meines Herzens erst dann, wenn die arme Seele *für immer und jeder* Arbeit unfähig geworden, und dies wird, so Gott will, noch nicht mein Fall sein, wenn zur Zeit auch ein wenig Bleistiftzeichnen und Herumsteigen im Schilf und an den flutumspülten Mauern des alten Hallwyler Schlosses schier meine einzige vernünftige Beschäftigung sein darf.«

Scheffel weilte bis in den März dieses Jahres in Brestenberg. Wirklich genesen war er noch nicht, als er ins Vaterhaus zurückkehrte. Ein Dichter war er geblieben: ein *Lyriker*. Sein Zustand gestattete ihm auf lange hinaus nicht mehr das anhaltende Arbeiten und Beharren des Geists in einer bestimmten Welt fremder Zustände, wie es das Schaffen eines Romans erfordert. Schon am Hallwyler See, wo er auch den ganzen nächsten Sommer über wohnte – in dem Landhaus des ihm befreundet gewordenen Aargauer Oberrichters und Dichters Dössekel – war ihm manches Lied gelungen (s. »Nachgelassene Dichtungen«). Nach Ausflügen von Karlsruhe auf die Burgen der Rheinpfalz entstanden jetzt die Gedichte »König Richard von England« und »Trifels« (s. Bd. 6 »Frau Aventiure« und »Gaudeamus«). Wer wehmütige Schluß des letzteren, die Stauferzeit in klassisch schönen Bildern feiernden Gedichts ist bezeichnend für seine damalige resignierte Stimmung.

Auch im folgenden Jahr bekämpfte er sein Leiden hauptsächlich durch Wanderkuren. Im Frühjahr ging er von *Tübingen* – wo er beim greisen Uhland vorsprach, ohne den schon schwer Kranken sprechen zu können – über die Schwäbische Alb, wo er auf dem Lichtenstein Wilhelm Hauffs Denkmal besuchte, und durch den Schwarzwald zum Hallwyler See, wo er wieder Station machte. Im Herbst marschierte er den Rhein hinauf ins *Engadin*. Er verweilte in Vulpera und Pontresina und hier reifte in ihm der Plan, die aus der Stoffwelt seines Nibelungen- und Wartburgromans ihm bisher erwachsenen Lieder, um weitere ergänzt, abrundend zu einem Ganzen zu vereinen. Am 17. September dieses Jahres dichtete er auf einem Steinblock am Fuße des Roseggiogletschers, wo er zehn Jahre zuvor mit Häusser dem Piz Bernina und seinen Nachbarn ein burschikoses Schmollis zugetrunken hatte, das feierliche Bekenntnisgedicht seines Ofterdingers

»Auf wilden Bergen«, das in »Frau Aventiure« das Schlußstück bildet. Der Muse des Abenteuers, der die alten Minnesänger gedient und die auch die seine geworden, brachte er jetzt den Becher als Weihetrunk dar. Nach ihr, der »spröden Unholdin«, die sein Sehnen so oft »irrfahrtwärts« getrieben und der er doch als »treuster ihrer Ritter« gedient, benannte er das Buch, das, wie er nun dem Burgherrn der Wartburg schrieb, den Eindruck machen sollte, »als hätte ein zur Zeit des Sängerstreits lebender Mann, der mit ritterlichen Sängern und Singerknaben, Mönchen und fahrenden Leuten bunten Verkehr hatte, eine Sammlung von Liedern der Zeitgenossen zusammengestellt.«

Anfang Juni 1863 erschien die Sammlung unter dem Titel » *Frau Aventiure. Lieder aus Heinrich von Ofterdingens Zeit*«, dem Großherzog Karl Alexander, Burgherrn der Wartburg, gewidmet, in seiner ganzen Anlage als kulturhistorisch schildernde Poesie der Nation dargeboten. Welche Rückschlüsse die Gedichte auf den von Scheffel nur im Geiste gestalteten Roman vom Sängerkrieg auf der Wartburg gestatten, das findet der Leser in der Volksausgabe meiner größeren Biographie auf Seite 331-333 zusammengestellt. Welche Fülle eigenen Erlebens dieser »historischen« Poesie zugrunde liegt, lassen schon die hier gebotenen Andeutungen erkennen. Wüßten wir Näheres von seinen Aufenthalten im Elsaß und in Paris, in Nord- und Südfrankreich, so würde sich wohl auch ein Persönliches Motiv für den Lieder-Zyklus »Des Meisters Geheimnis« (Walter von der Vogelweide) nachweisen lassen.

Das Erscheinen der »Frau Aventiure« war nicht nur äußerlich ein Markstein auf dem dornenvollen und doch auch wieder oft von duftigstem Rosenflor umwachsenen Lebenspfad unseres Dichters. Das neue Buch fand eine viel allgemeinere und günstigere Beachtung in der Presse als er erwartet hatte. So konnte er sich nunmehr auch rückhaltlos der großen Popularität freuen, zu der ohne sein Zutun und gegen seinen Willen neuerdings die *humoristischen Zechlieder* gelangt waren, die er in sorgloserer Zeit für die Heidelberger »Frankonen« und dann für den »Engeren« gedichtet hatte. Bereits 1856 waren die älteren derselben durch den für sie begeisterten Schwanitz dem Herausgeber des Magdeburger (späteren Leipziger) Kommersbuchs mitgeteilt und von diesem in das letztere aufgenommen worden. Auch handschriftlich und mündlich hatten sie sich allenthalben auf den deutschen Hochschulen verbreitet. Etwa um dieselbe Zeit, da Scheffel in Rippoldsau 1858 das von Wehmut diktierte Geleitwort zur zweiten Auflage seines »Trompeter« schrieb, hatte in Karlsruhe die Jahresversammlung der deutschen Naturforscher und Ärzte dem an ihr teilnehmenden Pfarrer Schmezer Gelegenheit geboten, die geologischen Kneiplieder seines lieben »Meister Josephus« vor dem sachverständigsten Publikum aus ganz Deutschland zum Vortrag zu bringen. Die Aufnahme war ein Triumph von Scheffels Humor; die ernstesten Geologen mußten in jenen Spätabendsitzungen ihrer Sektion sich vor Lachen schütteln, als sie die »Saurierei« »zu tief in die Kreide« geraten sahen und den Basalt als »geologischen Romeo« zu begreifen gelehrt wurden. In Heidelberg beschloß dann der »Engere« infolge der Nachfrage, die ihm im Laufe der Jahre von Scheffel gestifteten Lieder als »Ausgabe für Freunde« drucken zu lassen. Der Dichter gab nur zögernd seine Einwilligung. Und er war noch in Brestenberg, als das Preisausschreiben des Verlegers des »Allgemeinen Deutschen Kommersbuchs«, M. *Schauenburg* in Lahr, für die besten Kompositionen dieser Lieder im März 1860 zu dem »Preissingen« in *Mannheim* führte, bei welchem Häusser einer der Preisrichter war. Ein Quartett, aus den Sängern Ditt, Stepan, Schlösser und Rocke unter Vincenz *Lachners* Leitung bestehend, brachte die preisgekrönten der neuen Melodien in Mannheim, Heidelberg und Karlsruhe zum Vortrag.

Als das Buch »Frau Aventiure« erschien, kamen der Aufnahme, die dies Werk ernster Poesie fand, jene Erfolge zugute. Noch ein anderer Umstand begünstigte die Aufnahme. Der Wiederherstellung der Wartburg gab in diesem Sommer, den Scheffel wieder auf dem Land, diesmal zu Pienzenau in Oberbayern verbrachte, das Wartburgfest der deutschen Kunstgenossenschaft die Weihe, und der schwungvolle Festgruß, den Scheffel auf Ersuchen des Großherzogs von Weimar für das am 21. August stattfindende Fest dichtete, ließ ihn als den erklärten Dichter der Wartburg erscheinen. (S. Nachgelassene Dichtungen.)

Scheffel hatte in *Pienzenau* dem Münchener Kunstschriftsteller Ernst Förster sein Landhaus abgemietet und blieb bis in den Dezember in diesem erquicklichen Bergasyl. Von Ludwig Steub wurde er hier oft abgeholt zu größeren Wanderfahrten an die oberbayrischen Seen und in die sich um diese ausbreitende Bergwelt. Noch hoffte er, den Roman vom Meister Konradus zustande zu bringen. Zu heiteren Symposien kamen die Maler Aug. Fischer, Cäsar Metz, Wilhelm Klose, der Komponist Robert v. Hornstein, die Dichter Wilh. Hertz und Heinrich Leuthold aus München zu ihm herüber. Durch diesen Verkehr wurde sein guter Humor wieder wach: das Lied vom »Tazzelwurm« ist damals für die Einweihung eines kleinen Gasthauses bei den Audorfer Almen entstanden, für das Aug. Vischer ein humoristisches Drachenbild in Anspielung auf die in der Gegend heimische Drachensage gemalt hatte. Auch mit Felix Dahn, der ihm als begeisterter Verehrer inzwischen näher getreten war, und mit Julius Braun und seiner Gattin feierte er hier ein Wiedersehen. Ebenso wurde er durch einen Besuch Ludwig Häussers, einen »Einfall« mit Weinproben, in der ländlichen Stille erfreut, worüber er in vorzüglichem Mönchslatein dem »Engeren« eine ausführliche Epistel sandte (f. »Scheffels Leben und Dichten«, S. 606).

Als er diesmal heimkehrte, durfte er sich für völlig hergestellt halten. Die Menschenscheu war von ihm gewichen. Mit Genugtuung erlebte er, daß auch die Vaterstadt in ihm den Dichter zu schätzen wußte, dessen frischer Ruhm in ganz Deutschland wiederhallte. Die Karlsruher Künstlerkolonie, die seit der Berufung von Schirmer (1854), Karl Friedr. Lessing (1858), Adolf Schrödter (1859) und eben erst wieder von Feodor Dietz unter dem Protektorate des mit *Luise* von Preußen verheirateten Großherzogs *Friedrich* einen wachsenden Aufschwung genommen hatte, veranstaltete zum 20. Februar 1864 ein Fest, in welchem lebende Bilder nach Gedichten aus »Frau Aventiure« gestellt wurden, während Feodor Dietz in einem großen Vortrag dieses Wert würdigte und pries. Ähnliches geschah auch in München, Nürnberg, Zürich und andern Kunststädten, Die Mutter schrieb in höchster Freude nach dem Karlsruher Feste an Arnswald, daß dieser Abend einen Wendepunkt in Josephs ganzer Anschauung von seiner Vaterstadt hervorgebracht habe. Und ein Paar Wochen später verlobte er sich in gehobenster Stimmung mit einer jungen Freundin seiner Mutter, dem Freifräulein *Karoline von Malsen*, der einzigen Tochter des damaligen bayrischen Gesandten in Karlsruhe, eines Witwers. Gemeinschaftliche Beziehungen zur Münchner Kunst- und Künstlerwelt hatten die Annäherung bewirkt. Am 22. August erfolgte die Hochzeit im Hause der Braut. Die gleiche Liebe zur schönen Natur und zu ihrem Genuß in frischer Wanderung beseelte das Paar, Scheffel hatte für das erste Ehejahr das Dössekelsche Landhaus zu Seon am Hallwyler See wieder gemietet. Ehe sie dort ein idyllisches Leben begannen, führte die Hochzeitsreise die Neuvermählten über Säckingen, den Hohentwiel, den Bodensee, in die Schweiz und weiter nach den italienischen Seen. Die Mutter war selig über die guten Nachrichten, die sie im Laufe des nächsten Jahres aus Seon erhielt – es war ihre letzte Freude! Noch vor der Geburt des ersehnten Enkels, am 5. Februar 1865, starb Frau Josephine Scheffel an einem Gehirnschlag, tiefbetrauert von den Ihren, aber auch von dem großen Kreise derer, denen sie als Dichterin und Dichtermutter, als Mitstifterin des Karlsruher »Elisabethenvereins« und Vorstandsdame des dortigen Frauenvereins lieb und wert war.

Scheffel hatte in Seon begonnen, in seinen beträchtlichen Vorrat noch ungedruckter Poesien Ordnung zu bringen. Ein junger Künstler, Anton v. *Werner* aus Frankfurt a. d. Oder, ein Schüler Schrödters und an Scheffel von Frau v. Wartenberg in Berlin (s. S. 36) empfohlen, hatte sich ihm, ganz erfüllt von Begeisterung für den deutschen Geist, den liebenswürdigen Humor und das malerische Element in Scheffels Dichtung, innig angeschlossen, und Scheffel hatte ihm beim Großherzog von Weimar den Auftrag vermittelt, eine Reihe von Kompositionen in Aquarell nach Szenen aus »Frau Aventiure« auszuführen. Jetzt verband er sich mit ihm zur Herausgabe des »Juniperus« mit historischen Anmerkungen und historisch empfundenen Illustrationen, und als der schmucke Band unter dem Titel *»Juniperus, Geschichte eines Kreuzfahrers«* gerade nach Ausbruch des Kriegs zwischen Preußen und den mit Österreich verbündeten kleineren deutschen Staaten im Sommer 1866 fertig wurde, sprach er in der Vorrede den Wunsch aus, daß die gemeinsame Arbeit des Künstlers und Dichters Zeugnis ablegen möge von der guten Kameradschaft eines Mannes vom Oberrhein und eines Mannes von der Oder, »von deutschen Herzen, die nichts wissen und nichts wissen wollen von Haß, Trennung und Bruderzwist.«

Noch vor dem Tod seiner Mutter hatte Scheffel auch den Plan gefaßt, seine »feuchtfröhlichen« Lieder für den »Engeren« mit anderen Gedichten zu vereinen, die in Italien wie in deutschen Wald- und Bergrevieren auf seinen Reisen entstanden waren. *»Gaudeamus! Lieder aus dem Engeren und Weiteren«*, sollte die Sammlung heißen, und noch in Seon begann er, die beiden Abteilungen durch neue Gedichte zu ergänzen. Die Trauer um die Mutter unterbrach dann die Vorbereitungen. Erst ein halbes Jahr später kam das Unternehmen wieder in Fluß; er hatte für den Deutschen Philologentag, der am 26. September 1865 in Heidelberg zusammenkam, seinem Freunde Professor Holtzmann als Vertreter des Festausschusses versprochen, zum Festmahl im Bankettsaal des Schlosses ein Lied zu dichten; in diesem ließ er nun das Heidelberger Faß als »geleerte Grüße« die versammelten Germanisten feierlich begrüßen. Er selbst nahm an dem Feste teil. Das waren wieder Jubeltage für die »engeren« Freunde, vor allem Häusser und Schmezer – Knapp war schon 1859 gestorben – als Scheffel den Aufenthalt etwas verlängerte, und es wurde diese Auffrischung für ihn zum Ansporn, nun energisch an das Unternehmen zu gehen. Er dichtete noch nach einem Besuche bei Eduard Witter in Neustadt a.d.H. das Lied zum Preise des Pfälzer Weins (»Der Fünfundsechziger«) wie er schon früher dem württembergischen Elfinger nach einem seiner wiederholten Besuche des kunstgeschmückten Klosters Maulbronn in der »Maulbronner Fuge« ein Loblied gewidmet hatte, und dann nach einem Ausflug mit Anton v. Werner nach dem ihm durch das Waltharilied teuer gewordenen Wasgenstein das nach diesem benannte Lied, in dem noch einmal die patriotische Tendenz seiner Jugendpoesie prophetische Worte fand: »...Wann greift ihr wieder nach den Schilden? Wann grünt des Reichs verdorrter Baum?« Auf Grund solcher auf Wanderfahrten gewonnener Lokaleindrücke waren auch die schon älteren Gedichte vom Aggstein an der Donau bei Kremsmünster, von Schloß Runglstein bei Bozen und dem crokusumblühten Zavelstein bei Teinach im württembergischen Schwarzwald entstanden. Schon war die neue Liedersammlung im Druck, da starb – am 16. März 1867 – Ludwig Häusser. So wurde das schöne Widmungsgedicht, in welchem Scheffel vor der Welt bekannte, was ihm für die Entwicklung seiner Poesie Alt Heidelberg und der »Engere« gewesen, für den von ihm innigst betrauerten Präsidenten des letzteren zum »Requiem«. Es war auch eine Rechtfertigung seiner eigenen »Feuchtfröhlichkeit«.

> »Nun schau ich aus solidem Schwabenalter
> Auf dieser Lyrik jugendtollen Schwung
> Und reiche lächelnd meinen Liederpsalter
> Den Zechern allen, die im Herzen jung.
> Wer Spaß versteht, wird manchmal kräftigst lachen,
> Und wen manch Lied schier allzudurstig däucht,
> Der tröste sich: 's war anders nicht zu machen,
> Der Genius Loci Heidelbergs ist feucht!«

Und der freundliche Anruf des Dichters: »Gaudeamus!« (»Laßt uns fröhlich sein!«) fand ein tausendfaches Echo im Vaterlande. Der hier in mannigfachster Beleuchtung schillernde und funkelnde Humor war so echt deutsch, der weite Kreis der Zecher, die im Herzen jung, nahm die Gabe so dankbar auf, daß binnen Jahresfrist vier Auflagen des Buchs vergriffen waren und jedes folgende Jahr von ihm neue nötig wurden. Unter denen, die Scheffels Perkeo- und Rodenstein-Humor voll zu würdigen wußten, befand sich Graf Otto v. *Bismarck*, der Kanzler des Norddeutschen Bundes.

Doch der Sänger der Lieder konnte des starken Erfolges gerade dieses Buches nicht froh werden. Einige Zeit nach dem Tod seiner Mutter hatte Scheffel es für seine Pflicht gehalten, zu dem vereinsamten kränkelnden Vater zu ziehen und sich des hilflosen blöden Bruders Karl anzunehmen. Das war für seine Nerven nicht gut, und stimmte nicht zu dem Lebensplan, den er bei seiner Werbung um Karoline v. Malsen hatte verwirklichen wollen. Die Geburt seines Sohnes *Viktor* am 20. Mai 1867 zu Clarens am Genfer See schuf ihm noch eine große Freude. Doch bald darnach wurde der Tod des Freiherrn v. Malsen zum Anlaß, daß seine Tochter mit ihrem Kind zu ihrer Großmutter ins Salzburgische zog. Es war der Beginn einer dauernden Trennung. Am

16. Januar 1869 starb dann auch der Vater Scheffels im 80. Lebensjahr. Dieser jähe Wechsel von frohen und traurigen Erlebnissen konnte gewiß nicht befruchtend zu neuem Schaffen auf den Dichter wirken. Wohl hörte er nicht auf, zu planen und zu hoffen, und manch echtes lyrisches Gedicht ist ihm selbst in dieser Zeit gelungen, so das schöne Trostgedicht »*Maimorgengang*«, das noch 1869 in der »*Gartenlaube*« erschien und seine Versöhntheit mit Vaterstadt, Gegenwart und Vaterland besiegelte (s. »Nachgelassene Dichtungen«).

Nach dem Tod seines Vaters hatte er so manchen Freundschaftsbeweis von Freunden des Hauses erhalten, denen er sich entfremdet hatte. So mancher seiner Jugendfreunde, wie Kamm, Lepique, v. Preen, Ellstätter, Adrian Bingner, der 1879 ans Reichsgericht nach Leipzig kam, die Brüder Karl und Gustav v. Stoesser und deren Vetter Ludwig v. Stoesser, befanden sich in höheren Staats- und Justizämtern. Der Verkehr im Hause des Ministers v. *Freydorf*, dessen junge Frau *Alberta* als Tochter der Bühnenkünstlerin Wilhelmine von Cornberg seiner Mutter sehr nahe gestanden hatte, öffnete ihm die Augen über die patriotische Tendenz der preußenfreundlichen Politik des Großherzogs *Friedrich*, was seine Sympathie für Deutsch-Österreich freilich nicht schmälern konnte. Der kunstsinnige Landesherr und seine Gemahlin hatten schon früher ihre freudige Teilnahme an des Dichters Schaffen bekundet. Rudolph v. Freydorf war 1866 bei Bildung des Ministeriums Mathy Präsident des Ministeriums des Großherzoglichen Hauses und der auswärtigen Angelegenheiten geworden, auf welch letzterem Posten er auch in Jolly's Ministerium blieb. Als im Sommer 1870 in Karlsruhe die 14. Versammlung deutscher Architekten und Ingenieure stattfinden sollte, schloß Scheffel den von ihm erbetenen »Festgruß der Stadt Karlsruhe« mit der prophetischen Mahnung aus dem Munde Erwins von Steinbach, des 1840 schon von seiner Mutter zu patriotischem Zwecke heraufbeschworenen Erbauers des Straßburger Münsters: »Architektur: des Deutschen Reichstags Hallen! Ingenieurs: die Brücken übern Main!«

In dem Jahrzehnt von 1866 bis 1876 wurde Scheffel der Lieblingsdichter der Generation deutscher Jugend, deren beste Kraft 1870 auf den Schlachtfeldern in Frankreich die großen Siege mit erstritt, dank denen am 18. Januar 1871 in Versailles die Gründung des neuen deutschen Reichs vollzogen werden konnte. Seine dreinschlagfröhlichen Lieder vom Jahre 1848 »Als die Römer frech geworden« und »Am Grenzwall«, die ernste Ballade vom Rodenstein, die den Mann beschwört, der dessen Flammberg schwingen kann, hatten im Felde zu den beliebtesten Kriegsliedern gehört. In jener Zeit stieg die Zahl der Auflagen des »Trompeter« auf fünfzig. Der Verleger O. Janke in Berlin, der aus der Konkursmasse des Meidingerschen Verlags das Verlagsrecht am »Ekkehard« bis zum Jahre 1870 erworben hatte, vertrieb mit dem größten Erfolg den von ihm veranstalteten Nachdruck; und von 1870 an erlebte der Roman von dem tapferen Kampf der alemannischen Mannen und Mönche gegen die feindlichen Landbedränger im Bonzschen Verlag Auflage auf Auflage. »Frau Aventiure« wurde in diesem Jahrzehnt in sieben, »Gaudeamus« in einundzwanzig Auflagen verkauft. Ganz unabhängig hiervon fanden Scheffels Lieder aus dem »Engeren« in flotten wirkungsvollen Melodien den Weg in immer weitere Kreise des Volkes; die schönsten Lieder aus dem »Trompeter« und »Frau Aventiure«, von Abt, A. Jensen, Riedel, Reinthaler, Ignaz Heim, Kalliwoda, Neßler, R. Stocker u.v.a. komponiert, wurden zu Lieblingen der am Klavier singenden Jugend. In demselben Zeitraum eroberten sich die in ihrer Art klassischen Prachtausgaben mit A. v. Werners Bildern den Salon. Dem illustrierten »Juniperus« folgte 1868 das große »Gaudeamus« mit seinem reichen köstlichen Holzschnittschmuck. Weihnachten 1869 brachte als Neuheit die »Bergpsalmen«, begleitet von den sechs großen Stimmungsbildern Werners aus der Alpenwelt, und 1872 erschien der »Trompeter von Säkkingen« mit Werners meisterhaften, in Humor und Ernst echt Scheffelisch anmutenden Illustrationen und wurde in dieser Gestalt von Kritik und Publikum mit gleicher Wärme begrüßt.

Da Scheffel die »*Bergpsalmen*« gleich als Prachtwerk und ohne jedes erläuternde Wort herausgab (erst später erfolgte die kleinere Ausgabe), so kam diese Dichtung nur allmählich ins Publikum. Die Vielen, welche jetzt in Scheffel vor allem den Humoristen liebten, fanden sie zu düster und herb und begriffen nicht recht, wie ein Scheffel zu diesem Ton kam. Doch ihrer Würdigung kam die sich im deutschen Volke gerade nach 1870 immer mehr verbreitende

Begeisterung für den Besuch der deutschen Alpenwelt entgegen, jene Bewegung, die erst zur Gründung, dann zum Zusammenschluß des deutschen und des österreichischen Alpenvereins führte. Ein besonderes Interesse nahm an diesem Hohenlied auf die Heilkraft der Alpennatur der königliche Einsiedler auf Hohenschwangau, *Ludwig II.* von Bayern, dessen Kabinettssekretär jetzt August v. Eisenhart war.

Noch einmal schrieb Scheffel »Reisebilder.« Schon nach der Kapitulation von Straßburg hatte er 1870 seinem Freund und Verleger Adolf Bonz gemeldet: »Für den Fall, daß Deutschland das Elsaß behält, möchte ich in irgend einer Weise mit der Feder des Historikers und Poeten an der Deutschumstimmung der wiedergewonnenen welschen Brüder tätig sein. Wir dürfen alle Gott auf den Knien danken für die Geschicke dieses Sommers.« Er plante eine volkstümliche historische Erzählung aus dem Elsaß und machte dafür Studienreisen in die ihm altvertraute Vogesenlandschaft. Die 1872 in »*Über Land und Meer*« veröffentlichten »*Skizzen aus dem Elsaß*«, die sich besonders mit Rosheim, Lützelstein, Ratsamhausen, Girbaden und dem Odilienberg beschäftigen (s. Bd. 3), waren das Resultat dieser von Freude am neuen Reich diktierten Wanderstudien. Freudigen Wiederhall im ganzen Vaterlande weckte sein Festlied für die Gründungsfeier der Universität Straßburg am 1. Mai des gleichen Jahres. Erneute Durchforschungen des Wasgensteins und der urkundlichen Papiere des Klosters Weißenburg mögen dem Dichter die Veranlassung gegeben haben, den alten Plan einer wissenschaftlich erläuterten Sonderausgabe seiner Übersetzung des Walthariliedes in Gemeinschaft mit Alfred *Holder* auszuführen. Die Vorrede und die vier ersten Kapitel der Erläuterungen enthalten Stellen, die an die frische Begeisterung anklingen, welche die schöne Vorrede zum »Ekkehard« so anziehend macht. Die Ausgabe erschien 1874 und gleichzeitig brachte der Metzlersche Verlag als Prachtwerk »*Das Waltharilied verdeutscht*« mit Illustrationen von Albert Baur. Im folgenden Jahr hat Scheffel als Gast seines Landesherrn auf dessen herrlichem Sommersitz am Bodensee, dem Inselschloß *Mainau*, der Kaiserin *Augusta* ein Exemplar dieses Werks überreicht, dessen Widmung den Kriegsruhm der Sachsenkaiser zu Ekkehards Zeit zu dem des neuen deutschen Kaiserhauses in Beziehung setzte (s. Nachgelassene Dichtungen). In dem 1875 für die Gründungsfeier der Universität Czernowitz gedichteten Festlied huldigte er dann dem neuen österreichischen Staatsgedanken. Nach Deutsch-Österreich, wo man ihm die poetische Verherrlichung der deutschen »Ostmark« in »Frau Aventiure« und die der Salzburger Alpen in den »Bergpsalmen« warm zu danken wußte, gelangte noch mancher poetische Gruß.

Die letzte größere Dichtung, die er schuf, bot er 1877 seinen Lesern in dem Prachtwerk »*Waldeinsamkeit.* Dichtung zu zwölf landschaftlichen Stimmungsbildern von Julius Marak, radiert von Eduard Willmann.« Das anmutige Idyll, dessen epische Einkleidung recht leicht gesponnen ist, spielt »in der Gegenwart« und reiht kleine landschaftliche Stimmungsbilder von poetischer Anschaulichkeit aneinander. In den ernsten Partien fühlt man sich an die großartigeren »Bergpsalmen«, in den heiteren an den Schwank vom Bruder Rippold erinnert. Auch an dieser Dichtung war Scheffels Herz beteiligt. In dem Konflikt des kunstbeflissenen Försters mit dem schönen Stadtfräulein, das einseitig für die Natur des Südens schwärmt, während er die Heimat über alles liebt, hat er wohl ein Motiv aus seiner eigenen Herzenserfahrung dargestellt. In der treusorgenden Mutter aber, die alles zum Guten lenkt, setzte er der eigenen ein Denkmal. Der Förster, der sich in der Einsamkeit so wohl fühlt und immer sein Skizzenbuch bei sich hat, war ein Bild seiner selbst auch äußerlich, naturgetreu bis auf die hohen Schaftstiefel, die er auf seinem Landsitz auf der Mettnau wegen der Jagd auf das geflügelte Wild im Röhricht des Untersees zu tragen pflegte.

Schon 1872 hatte er sich inmitten der Gegend, die erst sein »Ekkehard« zu einer vielbesuchten Sehenswürdigkeit gemacht hat, in *Radolfzell*, zwischen dem Hohentwiel und der Reichenau, ein Stück Gartenland gekauft, das er »*Seehalde*« nannte und auf das ihm der befreundete Karlsruher Baurat Durm ein Landhaus baute. 1876 kaufte er sich die zwanzig Minuten davon gelegene *Mettnau* dazu, eine auf die Reichenau zu gerichtete Landzunge, auf welcher er an das vorhandene alte Jagdhaus einen stattlichen altertümlichen Turm mit holzgetäfelten Zimmern fügen ließ. Hier, wo einst in dem nicht mehr vorhandenen Herrenhaus der Bischof Wolfgang von Regensburg zur Welt gekommen war, führte er, dem Rat seiner Ärzte gemäß ein freies, vielbewegtes Leben als Gutsherr, Landwirt, Jäger, Fischer, das ihn nur wenig an den Schreibtisch kommen ließ. Gegen seine Besucher übte er, wie u. a. Berthold *Auerbach* gerühmt hat, eine homerische Gastfreundschaft. Hier feierte er in Behagen gar manches Wiedersehen mit altbewährten Freunden, unter denen Eisenhart und Schwanitz die ältesten waren; Julius Braun war schon 1869, Fritz Eggers, dessen Gedichte sein Bruder Karl herausgab, 1872 gestorben. Auch mit seiner Cousine Emma, der er sich nach dem Tode ihres Mannes als ritterlicher Helfer bewähren konnte, feierte er hier ein Wiedersehen, das ihm das verwundene Leid verklärte. Sie wohnte von 1877 an eine Zeitlang im nahen *Waldshut*, dem Wohnort ihres Bruders, eines Arztes. Drüben auf dem Thurgauer Ufer in Schloß *Eugensberg* lebte ihm eine wohlgesinnte Freundin, die Witwe eines seiner Schulfreunde, die Gräfin Wilhelm *Reichenbach*. Als er bei einem Besuch auf der Mainau beim Großherzog von Baden mit König *Karl* von Württemberg zusammentraf, lud ihn dieser zu Besuch in sein Seeschloß zu *Friedrichshafen* ein. Ringsum am See hatte er viele Verehrer; bezeichnend für seine Geschmacksrichtung in der Musik war seine Sympathie für die schlichten Weisen, in die ein jüngerer Beamter in *Engen*, der »Hegausänger« *Stocker*, einige der Trompeterlieder gesetzt hatte. Besonders anregend empfand er den Verkehr mit Alberta v. Freydorf, die mit ihrer Familie wiederholt die Sommerferien der Kinder auf Seehalde und Mettnau verbrachte; ihr überließ er das dramatische Fragment »Die Rosen der heiligen Elisabeth«, das seine Mutter hinterlassen hatte, zur Vollendung. Von den Reisen, die Scheffel noch unternahm, sind besonders erwähnenswert die mit Anton v. Werner unternommenen an die Schweizer Schauplätze des »Ekkehard«, die nach *Ilmenau* zum Besuch des Oberamtsrichters Schwanitz, der ihn in Beziehung zu dem feuchtfröhlichen Verein der »Gemeinde Gabelbach« brachte, die nach *Kissingen* zur Kur, wo er *Bismarcks* persönliche Bekanntschaft machte, die Zusammenkünfte mit Ferdinand *Freiligrath* im gastlichen Hause des »trinkbaren Manns«, des Amtsrichters und Dichters Wilhelm *Ganzhorn* zu *Neckarsulm*. Auch viele Verehrer aus dem Geschlecht der jüngeren Dichter und Schriftsteller besuchten ihn, die über das bei ihm Erlebte treulich in der Presse berichteten. So erfuhr alle Welt, daß aus dem Sänger des »Gaudeamus« ein behäbiger Gutsherr geworden sei, der das Dichten Jüngeren überlassen wolle. Aber unzählige Verehrer hielten an der Hoffnung fest, daß der Dichter die Welt noch mit einem neuen Werk von der Art des Ekkehard erfreuen werde. Wenige wußten, wie heiß der Dichter in schwerer Leidenszeit darnach gerungen hatte, ein solches zu schaffen. Als 1883 die Novelle *»Hugideo«* als Buch erschien, ohne einen Hinweis, daß sie schon 1857 entstanden war, belebte sich diese Hoffnung – vergeblich.

Die Feier seines fünfzigsten Geburtstags am 16. Februar 1876 brachte ihm großartige Huldigungen aus allen Kreisen der Nation. Deputationen, Lorbeer- und Edelweißkränze, Ehrungen, kunstvoll ausgeführte Adressen, Weinproben aus den schönsten Rebengauen des Rheins und der Donau, poetische Grüße von jüngeren Dichtern, die in ihm ihr Vorbild sahen, von älteren, die einen Koryphäen der gemeinsamen Kunst in ihm verehrten, waren die Symbole des herzhaften »Gaudeamus«, in das an diesem Tage die ganze deutsche Welt einstimmte, Freiligrath, der Sänger der 48er Volkserhebung, der jetzt in Cannstatt lebte, brachte in seinem Festgruß – es war sein letztes Gedicht – diese Stimmung zum Ausdruck. Namentlich auch Deutschösterreich beging das Fest mit allgemeiner Begeisterung. Die Städte Karlsruhe, Säckingen, Radolfszell ernannten den Dichter zum Ehrenbürger. Dem großen Festbankett in Karlsruhe wohnte der Großherzog Friedrich bei, der ihn zur Feier des Tags in den erblichen Adelsstand versetzt hatte. Auch Fürst Bismarck war unter den Gratulanten. Schon vorher hatte Scheffel den bayrischen Maximiliansorden, der nur an hervorragende Männer der Kunst und Wissenschaft nach Beschluß des Ordenskapitels verliehen wird, mit Genugtuung begrüßt, und durch die Ordensverleihung, die ihm König Karl von Württemberg hatte zuteil werden lassen, sah er in ehrender Form bestätigt, daß man im Geburtsland seiner Mutter das schwäbische Element in seiner Poesie erkannt und gewürdigt hatte. Ihm tat es in seiner Zurückgezogenheit wohl, solche Beweise starker Wirkung seines poetischen Schaffens zu empfangen; er, der abgelöst von der großen Welt und ihren Kämpfen lebte, sah darin einen erhebenden Beweis der Einigkeit im Vaterlande zugunsten der

Anschauungen, die er standhaft als Poet in den Zeiten der Reaktion der fünfziger Jahre vertreten hatte.

Wie er sich den ihm wohlgesinnten Fürsten, dem Kaiser *Wilhelm*, so manchem Verein und Freunde im nächsten Jahrzehnt, seinem letzten, bei Gelegenheit als Festdichter dankbar erwies, namentlich auch seinem Landesherrn, dem Großherzog Friedrich von Baden, und dem Burgherrn der Wartburg, Karl Alexander von Weimar, wird in der Einleitung des Bandes »Nachgelassene Dichtungen« zu lesen sein. Dort ist auch » *Die Mär vom Rockertweibchen*« einzufügen, die er als Text zu lebenden Bildern 1875 für einen Wohltätigkeitsabend der badischen Frauenvereine in Karlsruhe dichtete und dann in Rodenbergs »Deutscher Rundschau« erscheinen ließ. Seine geistigen Interessen gehörten längst mehr der deutschen Geschichts- und Altertumswissenschaft als der Poesie an. Viel wurde er in archäologischen und ethnographischen Fragen um Rat angegangen. Für die 1878 in Radolfzell stattfindende Jahresversammlung des »Vereins für die Geschichte des Bodensees« stellte er als literarische Festgabe die »Urkunden der Stadt Radolfzell von 1267 bis 1793 chronologisch geordnet« zusammen (vgl. M. A. Souchay-Ravensburg im Scheffel-Jahrbuch 1905/6). Als 1880 der Württembergische Altertumsverein und die Anthropologische Gesellschaft in Karlsruhe zur Besichtigung der dortigen Sammlungen sich vereinten, befand sich Scheffel im Festausschuß, und zur Belebung des gemeinsamen Mahls im »Palmengarten« trug, nach Julius Hartmanns Bericht, insbesondere die Anwesenheit des Dichters bei, der der Gesellschaft aus einer eben erst aus Italien ihm zugekommenen Kiste mit Capriwein eine reiche Probe vorsetzte und in seiner humoristischen Weise die kulturgeschichtliche Bedeutung dieses Weins erklärte. Im allgemeinen aber mied er die Öffentlichkeit. Seine Kopfnerven waren äußerst reizbar geblieben. Als er im Herbst 1885 noch einmal nach *Berlin* fuhr – er begleitete seinen Sohn dorthin, der als Avantageur bei den Garde-Ulanen eintrat – mußte er den Besuch des Hoftheaters ablehnen, wo man ihm zu Ehren eine Aufführung von *Neßlers* Oper »Der Trompeter von Säkkingen« veranstaltet hatte. Wenn er 1881 nach *Stuttgart* gefahren war, um einer Aufführung von *J. Aberts* Oper »Ekkehard« beizuwohnen, so war das ein großes Zugeständnis seines Interesses. So hielt er sich auch fern vom politischen Leben. Um so zündender wirkte es, wenn er einmal einen Kernspruch in die deutsche Welt klingen ließ, wie die Beschwörung, die sich gegen den »Klassenhaß, Rassenhaß und Massenhaß« wandte. Er hielt es auch hier mit Anakreon: »Doch meine Saiten tönen Nur *Liebe* im Erklingen.«

Sein letztes Festgedicht war für das fünfhundertjährige *Jubiläum der Universität Heidelberg* bestimmt. Er vollendete es in der geliebten Musenstadt, die ihn an seinem 60. Geburtstag zum Ehrenbürger ernannte. Eine Jubiläumsausgabe des »Gaudeamus« war in Vorbereitung, in welche die Lieder zu Ehren der Universitäten Heidelberg, Straßburg, Würzburg und Czernowitz, ein der »Gemeinde Gabelbach« und ein dem »Hegausänger« Stocker gewidmetes Lied Aufnahme fanden. Das Jubiläum der Universität erlebte er aber nicht mehr. Am 9. April 1886 schloß er in seiner Vaterstadt Karlsruhe die längst müde gewordenen Augen, die einst so schönheitskundig und so schönheitsfroh in die Welt geschaut hatten, Herzwassersucht und Verkalkung der Arterien waren die Todesursache. Was er der Nation gewesen, trat hell und einmütig in dem hundertfachen Nachruf zu Tage, den die gesamte deutsche Presse ihm weihte.

Aus welchen schmerzlichen Krisen seine Dichtung erwachsen war, war damals noch nicht bekannt, aber allgemein empfand man die Echtheit ihrer Eigenart und ihr kerndeutsches Wesen. In Scheffels Poesie war an die Stelle *der* Romantik, die aus Vaterlandsliebe und Verzweiflung über das deutsche Elend vor und nach den Freiheitskriegen sich an unklaren Träumen von vermeintlich besseren vergangenen Zeiten berauschte, eine farbenfreudige kraftvolle Wirklichkeitskunst getreten, für welche Naturtreue und historische Wahrheit ebenso maßgebend waren wie das Gefühl für klassische Formschönheit, und deren Stimmungswelt doch eine romantische blieb. Was sie feierte, ist die kräftige Art im Denken, Fühlen, Handeln naturfrischer Menschen aus unserer Ahnenwelt, ist die Schönheit heimatlicher Landschaft und Natur, deren Frische sich mit jedem Frühling erneut. Selber mit romantischen Idealen aufgewachsen, hatte der Dichter 1848 schwer unter ihrem Bankrott in der politischen Welt gelitten, aber aus der tiefen Empfindung für den Widerspruch zwischen Romantik und Wirklichkeit entwickelte sich sein Humor, der mit dem Lächeln der Toleranz das Unzulängliche an beiden bespöttelte und mit burschikoser Keckheit gegen die Herrschaft des Abstrakten im Leben, die »ledernen« Ideen, gegen den Ungeist der politischen Reaktion und die Unnatur im gesellschaftlichen Leben einen fröhlichen Kampf führte. Jener Bankrott machte ihn aber auch im »Ekkehard« zum Propheten einer politischen Überzeugung, die nur von der kraftvollen Kampfbereitschaft eines Volks das Heil desselben in dem unvermeidlichen Kampf ums Dasein mit seinen Feinden erwartet. Schon 1848 hatte er einem Krieg Deutschlands mit Frankreich, wie er 1870 ausbrach, den siegreichen Ausgang und durch ihn die Lösung der »deutschen Frage« prophezeit. Daß Scheffel unter den schweren Schicksalsschlägen, die ihn im frühen Mannesalter trafen, nicht ein Sänger des Weltschmerzes wie Heine geworden ist, dessen Poesie freilich gerade dem Schmerz auch ihre vollsten Töne entrang, daß er vielmehr trotz alledem ein Sänger der Weltfreude geblieben ist, das gibt seinem Charakterbild einen Zug von Stolz und Kraft, der unsere Bewunderung fordert und der harmonisch zu dem Geist seiner Werke stimmt, der das Kraftvolle in Natur und Menschentum, im Kampf wie im Genusse der Freuden dieser Welt feiert. Als Dichter der Naturandacht, im Sinne von Goethes Spruch »Wenn wir in das Freie schreiten, Auf den Höhen da ist der Gott,« hat er nicht seines Gleichen. Ein »treuer Eckart« der modernen Kulturmenschheit, verweist er diese für ihre besonderen Leiden auf die Heilkraft der schönen Natur, die in seinem Leben so große Wunder gewirkt hat und so oft zum Quell seiner Poesie geworden ist, wie es besonders schön sein auf dem Chiemsee gesungenes Lied »Kahnfahrt« ausspricht:

> »Kein Mensch kann das uns geben,
> Die Minne selber nicht,
> Das sonnenwarme Leben,
> Das hier zur Seele spricht.
>
> Laß unsern Kahn nur treiben!
> Allum ist's fein und schön;
> Hier ist vom Weltenbauherrn
> Ein Meisterstück geschehn.
>
> Hier prangen Gottes Wunder
> In still beredter Pracht:
> Fahr ab, verfluchter Plunder,
> Der elend mich gemacht!«

www.ingramcontent.com/pod-product-compliance
Lightning Source LLC
LaVergne TN
LVHW020940200726
843506LV00011B/2073